노래로 배우는
일본어 II

1945

문예림

노래로 배우는 일본어 Ⅱ

초판 2쇄 인쇄 2005년 5월 10일 / 초판 1쇄 발행 2002년 5월 15일/저자 최효선
발행인 서덕일 / 발행처 도서출판 문예림 / 출판등록 1962년 7월 12일 제 2-110호
주소 서울 광진구 군자동 195-21호 문예B/D 201호 / 전화 02-499-1281~2 팩스 02-499-
1283 / http://www.bookmoon.co.kr / E-mail:my1281@lycos.co.kr

ISBN 89-7482- 244-X (13730)

◑ 일본어 발음표 ◑

あ 아	い 이	う 우으	え 에	お 오
か 가카	き 기키	く 구크 그크	け 게케	こ 고코
さ 사	し 시	す 수스	せ 세	そ 소
た 다타	ち 치	つ 츠	て 테	と 토
な 나	に 니	ぬ 누느	ね 네	の 노
は 하	ひ 히	ふ 후흐	へ 헤	ほ 호
ま 마	み 미	む 무므	め 메	も 모
や 야		ゆ 유		よ 요
ら 라	り 리	る 루르	れ 레	ろ 로
わ 와	ん 응			

◑ 히라가나 · 가타카나 대조표 ◑

あ ア	い イ	う ウ	え エ	お オ
か カ	き キ	く ク	け ケ	こ コ
さ サ	し シ	す ス	せ セ	そ ソ
た タ	ち チ	つ ツ	て テ	と ト
な ナ	に ニ	ぬ ヌ	ね ネ	の ノ
は ハ	ひ ヒ	ふ フ	へ ヘ	ほ ホ
ま マ	み ミ	む ム	め メ	も モ
や ヤ		ゆ ユ		よ ヨ
ら ラ	り リ	る ル	れ レ	ろ ロ
わ ワ				
ん ン				

이 책은 『노래로 배우는 일본어 I』의 실천형으로 노래방에서 쉽게 찾아 부를 수 있는 대중 가요를 중심으로 소개하고 있습니다.

내용적으로는 포크송이 전반을 이루나 일본에서 〈엥카〉라고 불리우는 토롯토도 4곡 채택하였습니다. 거의 1960년대부터 80년대에 유행하던 명곡들입니다만 최근의 힛트송을 2곡, 그리고 한국에 관계된 노래 1곡과 한국인 가수의 일본 노래 1곡을 합해 총 27곡으로 구성되었습니다.

물론 최근의 노래는 아직 노래방의 레파토리 안에 등록되지 않았을 경우가 있으나 일본 여행을 하시게 될 때, 일본의 노래방인 〈가라오케〉라도 가셔서 실력을 피력해 보시는 것도 즐거운 추억의 하나가 되리라 믿습니다.

구성은 〈노래로 배우는 일본어 I〉와 같습니다만 다시 한번 명기해 보겠습니다.

내용은 악보, 가사, 번역, 단어 · 어휘 · 문법, 해설의 다섯 부문으로 구성되어 있습니다.

가사란에서는 먼저 일본어로 쓴 후 그 발음을 한글로 표기하였습니다. 그리고 가사의 의미를 번역란에 번역해 놓았습니다. 이 텍스트가 언어 학습을 위한 것이라는 점을 감안해 어디까지나 〈직역〉을 하도록 노력하였습니다만 직역으로는 통하지 않을 경우엔 직역에 가까운 〈의역〉을 하였습니다. 따라서 詩적으로는 아름답지 않은 결과가 되어 있을 경우도 있으나 그런 점은 일본어에 능숙해 진 후의 여러분에게 맡기겠습니다.

단어 · 어휘 · 문법란에서는 먼저 한자가 섞인 일본어 일 경우는 히라가나와 발음을, 히라가나 인 경우는 한자와 발음을, 가타카나 인 경우는 히라가나와 발음을 각각 괄호 안에 명기하였습니다. 그리고 한자로 표기하지 않아도 될 경우에는 생략하였습니다.

문법 설명에 있어서 〈 。〉로 끝나는 한글 표기는 일본어 발음의 한글 표기를 뜻합니다.

그리고 설명 속에 자주 나오는 연용형이란 용언에 접속되는 활용형을 의미하며, 연체형이란 체언에 계속되는 활용형를 의미입니다.

해설란에서는 그 노래에 관한 에피소드를 적어 넣었습니다. 부족한 점이 많이 있을 줄로 압니다만 더욱 알고 싶은 사항이 있으시면 그야말로 여러분들 스스로가 알아보아 주십시오. 일본에 대선 선호의 관심이 양국 문화 교류의 발판이 된다는 사실을 인식하시고.

외국어를 노래로 배운다는 것은 즐겁고도 효과적인 방법입니다. 부디 이 책을 효율적으로 사용하시어 여러분의 일본어 공부에 보탬이 되기를 바랍니다.

물론 이 한 권으로 일본어가 마스트 되는 것은 아닙니다. 우선 이 책을 스타트로 흥미를 가지게 되시면 본격적으로 문법 등을 공부하시어 일본어를 소화하실 것을 권합니다.

끝으로 문예림의 서 덕일 사장님과 스탭 여러분께 심심한 감사를 드립니다.

2001년

필 자

● 차 례 ●

1. 上を向いて歩こう

우에오 무이테 아루코-

(위를 보고 걷자)

坂本 九 歌　　永 六輔 作詞

中村 八大 作曲

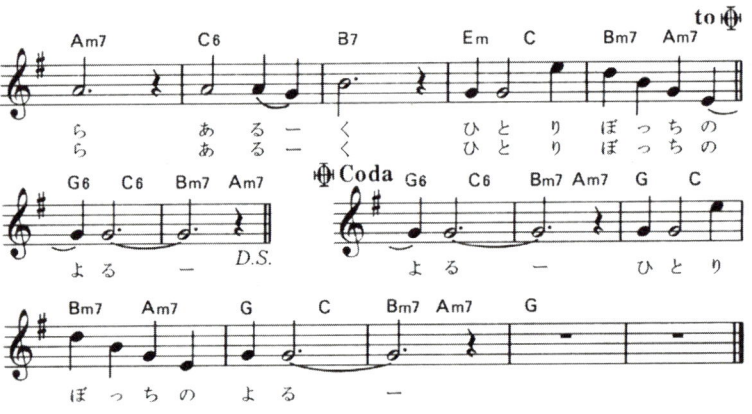

가　　사

上を 向いて	우에오 무이테
歩こう	아루코-
涙が	나미다가
こぼれないように	고보레나이 요우니
思い 出す	오모이 다스
春の日	하루노히
一人 ぼっちの	히토리 봇-치노
夜	요루

上を 向いて	우에오 무이테
歩こう	아루코-
にじんだ 星を	니진다 호시오
かぞえて	가죠에테
思い 出す	오모이 다스
夏の日	하루노히
一人 ぼっちの	히토리 봇-치노
夜	요루
幸せは	시아와세와
雲の 上に	구모노 우에니
幸せは	시아와세와
空の 上に	소라노 우에니
上を 向いて	우에오 무이테
歩こう	아루코-
涙が	나미다가
こぼれない ように	고보레나이 요우니
泣き ながら	나키 나가라
歩く	아루쿠
一人 ぼっちの	히토리 봇-치노
夜	요루
〈口笛〉	〈휫파람〉
思い 出す	오모이 다스

秋の 日	아키노 히
一人 ぼっちの	히토리 봇-치노
夜	요루
悲しみは	가나시미와
星の かげに	호시노 카게니
悲しみは	가나시미와
月の かげに	츠키노 가게니
上を 向いて	우에오 무이테
歩こう	아루코-
涙が	나미다가
こぼれない ように	고보레나이 요우니
泣き ながら	나키 나가라
歩く	아루쿠
一人 ぼっちの	히토리 봇-치노
夜	요루
一人 ぼっちの	히토리 봇-치노
夜	요루

 번 역

위를 보고

걷자

눈물이

흘러나오지 않도록
생각이 나네
어느 봄날이
고독한
이 밤에

위를 보고
걷자
어렴풋한 별들을
세면서
생각이 나네
어느 여름날이
고독한
이 밤에

행복은
구름 위에
행복은
하늘 위에

위를 보고
걷자
눈물이
흘러나오지 않도록
울면서
걷네

고독한

이 밤

〈휫파람〉

생각이 나네

어느 가을날이

고독한

이 밤

슬픔은

별님에 그늘에

슬픔은

달님에 그늘에

위를 보고

걷자

눈물이

흘러나오지 않도록

울면서

걷네

고독한

이 밤

단어 · 어휘 · 문법

上を(うえを。 우에오) → 上(위)+を(목적격 조사 를) 〈위를〉

向いて(むいて。 무이테) → 원형은 向く(むく。 무쿠。 향하다) 〈향하여〉가
　　되나 의역하여 〈보고〉로 함.

歩こう(あるこう。 아루코-) → 원형 歩く(あるく。 아루쿠)의 권유형. 〈걷자〉

涙が(なみだが。 나미다가) → 涙(눈물)+が(주격 조사 이) 〈눈물이〉

こぼれないように(零れないように。 고보레나이요우니) → こぼれ(溢れる−
　　こぼれる。 고보레르。 흐르다. 흘러 넘치다−의 연용형. 흐르지)+ない
　　(부정형)+よう(조동사)+に(조사) 〈흘러 넘치지 않도록. 흘러나오지
　　않도록〉

思い出す(おもいだす。 오모이다스) → 〈생각나다〉

春(はる。 하루) → 〈봄〉

の(노) → 소유격 조사 〈의〉

日(ひ。 히) → 〈날〉

一人ぼっち(ひとりぼっち。 히토리봇치) → (혼자) 이곳에서는 의역하여
　　〈고독한〉이라고 함.

夜(よる。 요루) → 〈밤〉

にじんだ(滲んだ。 니진다) → 원형은 にじむ(滲む。 니지무。 번지다. 어렴
　　풋하여 잘 안 보이는 상태. 번지다) 〈어렴풋한〉

星(ほし。 호시) → 〈별〉

かぞえて(数えて。 가죠에테) → 원형은 数える(かぞえる。 가죠에루。 세
　　다) 〈세며. 세면서〉

夏(なつ。 나츠) → 〈여름〉

幸せは(しあわせは。 시아와세와) → 幸せ(행복)＋は(계조사 은)〈행복은〉

雲の(くもの。 구모노) → 雲(구름)＋の(소유격 조사 의)〈구름〉

空(そら。 소라) → 〈하늘〉

泣きながら(なきながら。 나키나가라) → 泣き(원형 泣く－なく。 나쿠。
　　울다－의 연용형)＋ながら(접속 조사. 면서)〈울면서〉

歩く(あるく。 아루쿠) → 〈걷다〉

口笛(くちぶえ。 구치부에) → 〈휫파람〉

秋(あき。 아키) → 〈가을〉

悲しみ(かなしみ。 가나시미) → 〈슬픔〉

かげに(影に。 카게니) → かげ(그늘. 그림자))＋に(격조사 에) (그늘에. 그
　　림자에). 의역하여 〈가리워 지고〉로 함.

月(つき。 츠키) → 〈달〉

🔍 **해　설**

　　1960년대 초반까지 조용하고도 애조를 띤 삼 박자의 노래가 대부분을 차
지하고 있던 일본 가요계에 〈上を向いて歩こう(위를 보고 걷자)〉는 빠르고
경쾌한 리듬으로 60년대의 새로운 가요곡 분야를 개척하는데 있어 선구가 된
곡입니다.

　　또한 이 곡은 64년에 〈스키야키〉라고 하는 타이틀로 빌보지 잡지와 슈 복
스 잡지에서 일 위를 차지하여 전 미국에 유행한 노래입니다. 40여 년이 지
난 오늘날까지도 일본인들 사이에 애창되고 있는 명곡이라고 할 수 있습니다.

2. いい日旅立ち(좋은 날의 여행)

이이히 타비다치

山口 百恵 歌　谷村 新司 作詞·作曲

가 사

雪 解け	유키 도케
間近の	마지카노
北の 空に	기타노 소라니
向かい	무카이
過ぎ 去りし	스기 사리시
日々の	히비노

夢を 叫ぶ時	유메오 사케부토키
帰らぬ 人達	가에라누 히토타치
熱い 胸を	아츠이 무네오
よぎる	요기루
せめて	세메테
今日から	교오카라
一人きり	히토리키리
旅に 出る	다비니 데루
ああ	아아
日本の どこかに	니혼노 도코카니
私を 待ってる	와타시오 맛테루
人が いる	히토가 이루
いい日	이이히
旅立ち	타비다치
夕焼けを	유우야케오
さがしに	사가시니
母の 背中で	하하노 세나카데
聞いた	기이타
歌を	우타오
道連れに	미치즈레니
岬の	미사키노
はずれに	하즈레니
少年は	쇼ー넹와
魚つり	사카나츠리
青い すすきの	아오이 스스키노

小径を	고미치오
帰るのか	가에루노카
私は	와타시와
今から	이마카라
思い出を	오모이데오
創るため	츠쿠루타메
砂に 枯木で	스나니 가레키데
書く つもり	가쿠 츠모리
"さようなら"と	"사요나라"토
ああ	아아
日本の	니혼노
どこかに	도코카니
私を	와타시오
待ってる	맛테루
人が いる	히토가 이루
いい日	이이히
旅立ち	타비다치
羊雲を	히츠지구모오
さがしに	사가시니
父が	치치가
教えて くれた	오시에테 구레타
歌を	우타오
道連れに	미치즈레니
ああ	아아
日本の どこかで	니혼노 도코카니
私を 待ってる	와타시오 맛테루

人が いる　　　　히토가 이루

いい日　　　　　이이히

旅立ち　　　　　다비다치

幸福を　　　　　시아와세오

さがしに　　　　사가시니

子供の 頃に　　　고도모노 고로니

歌った　　　　　우탓타

歌を　　　　　　우타오

道連れに　　　　미치즈레니

 번　역

눈이 막

녹으려는 즈음

북쪽 하늘을 향해

지난날들의

꿈을 외칠 때

돌아올 수

없는 이들이

뜨거운 가슴을

스치고 지나간다

적어도 오늘부터

혼자서

여행을 떠나자

아-
일본의 어디선가
나를 기다리는
사람이 있어
좋은 날의 여행
저녁노을을 찾아서
엄마 등에
업혀서 듣던
노래를 동반자로

갯벌 저쪽에서
한 소년이
낚시를 하고 있네
푸르른
억새 풀의
오솔길로

돌아갈 생각인가
나는 지금부터
추억을 만들기 위해
모래에 나뭇가지로
쓸 생각이라네
"안녕"이라고
아-
일본의 어디선가
나를 기다리는
사람이 있어

좋은 날의 여행

양 구름을 찾아서

아빠가

가르쳐주던

노래를 동반자로

아―

일본의 어디선가

나를 기다리는

사람이 있어

좋은 날의 여행

행복을 찾아서

어린 시절

부르던

노래를 동반자로

단어 · 어휘 · 문법

雪解け(ゆきどけ。 유키도케) → 〈눈 녹는〉

間近の(まぢかの。 마지카노) → 間近(가까운)＋の(격조사 의. 에) 거리
  상, 시간상으로 가까운 곳, 때를 일컬음. 〈가까워 질 무렵의. 가까워질
  무렵에〉

北の(きたの。 기타노) → 北(북쪽)＋の(격조사. 의) 〈북쪽의. 북쪽에〉

空の(そらの。 소라노) → 空(하늘)＋の(격조사. 의) 〈하늘의. 창공의〉

向かい(むかい。 무카이) → 원형은 向かう(むかう。 무카우。 향하다. 대면

하다) 〈향해〉

過ぎ去りし (すぎさりし。 스기사리시) → 원형은 過ぎ去る(すぎさる。 스기 사루。 지나가다. 지나가 버리다) 〈지나버린〉

日々の (ひびの。 히비노) → 日々(날들. 나날)＋の(격조사. 의) 〈날들의. 나날의〉

夢を (ゆめを。 유메오) → 夢(꿈)＋を(목적격 조사. 을)〈꿈을〉

叫ぶ時 (さけぶとき。 사케부토키) → 叫ぶ(외치다)＋時(때) 〈외칠 때. 소리칠때〉

帰らぬ (かえらぬ。 가에라누) → 원형은 帰る(かえる。 가에루。 돌아가다. 돌아오다. 귀가하다). 帰る의 부정형이 帰らぬ。 혹은 帰らない(かえらない。 가에라나이) 〈돌아올 수 없는〉

人達 (ひとたち。 히토타치) → 人(사람)＋達(들) 〈사람들〉

熱い (あつい。 아츠이) → 형용사는 (뜨거운). 동사는 (뜨겁다). 이곳에서는 형용사로 쓰임. 〈뜨거운〉

胸を (むねを。 무네오) → 胸(가슴)＋を(목적격 조사. 을) 〈가슴을〉

よぎる (過る。 요기루) → 감정 등이 〈스쳐 지나가다〉

せめて (세메테) → 〈적어도〉

今日から (きょうから。 쿄-우카라) → 今日(오늘)＋から(격조사. 부터) 〈오늘부터〉

一人きり (ひとりきり。 히토리키리) → 一人(혼자)＋きり(앞의 단어를 제한 하는 접미어. 만) 〈혼자서. 혼자서만〉

旅に (たびに。 타비니) → 旅(여행)＋に(에. 을) 〈여행을〉

出る (でる。 데루) → 〈떠나다〉

ああ (아-) → 감탄사 〈아-〉

日本の (にほんの。 니혼노) → 日本(일본)＋の(소유격. 의) 〈일본의〉

どこかに (도코카니) → どこか(어디)＋に(격조사. 에) 〈어느 곳에선가. 어딘 가에〉

私を(わたしを。 와타시오) → 私(나)+を(목적격 조사 를) 〈나를〉

待ってる(まってる。 맛테루) → 待っている(まっている。 맛테이루)의 회화체. 원형은 待つ(まつ。 마츠。 기다리다). 〈기다리다. 기다리고 있다〉

人が(ひとが。 히토가) → 人(사람)+が(주격 조사 이) 〈사람이〉

いる(이루) → 존재형 〈있다〉

いい日(いいひ。 이이히) → いい(좋은)+日(날) 〈좋은 날〉

旅(たび。 다비) → 〈여행〉

立ち(たち。 다치) → 원형 立つ(たつ。 다츠。 떠나다. 출발하다)의 명사형. 〈떠남. 출발〉

夕焼けを(ゆうやけを。 유우야케오) → 夕焼け(저녁 노을)+を(목적격 조사 을) 〈저녁 노을을〉

さがしに(探しに。 사가시니) → さがし(원형 探す-사가스。 사가스。 찾다-의 연용형. 찾음)+に(〜러) 〈찾으러〉

母の(ははの。 하하노) → 母(엄마)+の(의) 〈엄마의〉

背中で(せなかで。 세나카데) → 背中(등)+で(장소를 의미하는 격조사 에서) 〈등에서. 업혀서〉

聞いた(きいた。 기이타) → 원형 聞く(きく。 기쿠。 듣다)의 과거형 (듣다. 들었다) 이곳에서는 연용형으로 쓰임 〈들었던. 듣던〉

歌を(うたを。 우타오) → 歌(노래)+を(를) 〈노래를〉

道連れに(みちづれに。 미치즈레니) → 道連れ(동반자)+に(격조사 로) 〈함께 가는 사람. 동반자〉

岬の(みさきの。 미사키노) → 岬(갑. 곶. 바다나 호수에 돌출해 있는 뭍으로 갑, 혹은 곶이라고 하나 이곳에서는 의역하여 〈갯벌〉이라고 함)+の(의) 〈갯벌의〉

はずれに(外れに。 하즈레니) → はずれ(외곽. 떨어진 곳)+に(에) 〈떨어진

곳에. 저편에〉

少年は(しょうねんは。 쇼-넹와) → 少年(소년)＋は(주격 조사 은)〈소년은〉

魚つり(さかな釣。 사카나츠리) → 〈낚시〉

青い(あおい。 아오이) → 형용사는 (푸른). 동사는 (푸르다). 이곳에서는 형
   용사로 쓰임 〈푸르른〉

芒の(すすきの。 스스키노) → 芒(억새)＋の(소유격 조사 의)〈억새풀의〉

小径を(こみちを。 고미치오) → 小径(오솔길)＋を(을)〈오솔길을〉

帰るのか(かえるのか。 가에루노카) → 帰る(돌아가다)＋のか(의문의 종조
   사, 는가)〈돌아가는가〉

今から(いまから。 이마카라) → 今(지금)＋から(출발, 기점을 나타내는 격
   조사 부터)〈지금부터〉

思い出を(おもいでを。 오모이데오) → 思いで(추억)＋を(목적격 조사. 을)
   〈추억을〉

創るため(つくるため。 츠쿠루타메) → 創る(만들다)＋ため(위하여) 〈만들
   기 위하여〉

砂に(すなに。 스나니) → 砂(모래)＋に(수단을 나타내는 격조사. 로) 〈모래
   로〉

枯木で(かれきで。 카레키데) → 枯木(마른 나무가지)＋で(수단. 방법을 나
   타내는 격조사. 로)〈(마른) 나뭇가지로〉

書く(かく。 가쿠) → 동사는 (쓰다). 형용사는 (쓸). 이곳에서는 형용사로
   쓰임 〈쓸〉

つもり(츠모리) → 〈생각. 의도〉

さよならと(사요나라토) → さよなら(안녕)＋と(앞의 단어를 잇는 격조사.
   이라고)〈안녕 이라고〉

羊雲を(ひつじぐもを。 히츠지구모오) → 羊雲(양 구름)＋を(목적격 조사.
   을)〈양 구름을〉

父が(ちちが。 치치가) → 父(아버지)+が(주격 조사. 가) 〈아버지가〉

教えて(おしえて。 오시에테) → 원형 教える(おしえる。 오시에루。 가르치다)의 연용형 〈가르쳐〉

くれた(구레타) → 원형 くれる(구레루。 주다)의 과거 연용형 〈주었던〉

幸福を(しあわせを。 시아와세오) → 幸福(행복)+を(목적격 조사. 를)〈행복을〉

子供の(こどもの。 고도모노) → 子供(어린이)+の(의) 〈어린이의〉

頃に(ころに。 고로니) → 頃(무렵. 시절)+に(에) 〈시절에〉

歌った(うたった。 우탓타) → 원형 歌う(うたう。 우타우。 노래하다)의 과거 연용형 〈(노래) 부른〉

해   설

　이 노래를 부른 山口 百惠는 일본인들 사이에서 온순하고 순종적인 면에 있어 전설적인 히로인으로 꼽히는 여자 가수입니다.

　사생아로 태어나 빈곤하게 자란 그녀는 1972년 중학교 2학년 때에 데뷔하여 21세 때 결혼을 위해 은퇴합니다. 속 된 표현을 빌리자면 그녀는 일본인들 사이에 신데렐라로 인식되고 있다고 할 수 있습니다.

　그녀가 활약한 것은 겨우 7년 반이었습니다만 그 동안의 매상이 무려 3～4백억 엔에 달한다고 하는 신화도 남기고 있습니다.

　지금은 극히 평범하고 행복한 전업 주부로서, 불우하고 가난했던 어린 시절의 불행을 멋지게 역전시킨 삶을 살고 있다는 사실이 그녀의 인기를 전설적으로 굳히고 있는 이유라고 할 수 있겠습니다.

　지금도 일본인들 사이에 막대한 인기를 갖고 있는 그녀는 재일 동포라고 합니다.

3. 白いブランコ(하얀 그네)

시로이 부랑코

ビリ-バンバン 歌　小平 なほみ 作詞

菅原 進 作曲

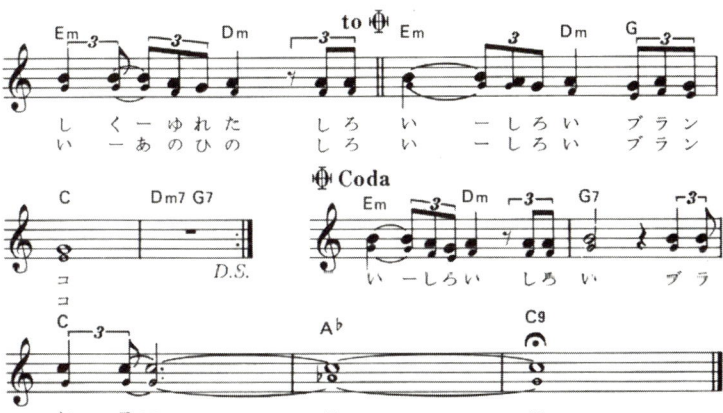

가 사

君は	기미와
おぼえて	오보에테
いる かしら	이루 카시라
あの　白い	아노 시로이
ブランコ	브랑코
風に	가제니
吹かれて	후카레테
二人で ゆれた	후타리데 유레타
あの 白い	아노시로이
ブランコ	브랑코
日暮れは	히구레와

いつも 淋しいと	이츠모 사비시이토
小さな 肩を	치이사나 가타오
ふるわせた	후루와세타
君に	기미니
くちづけした 時に	구키즈케시타 도키니
優しく ゆれた	야사시쿠 유레타
白い 白い	시로이 시로이
ブランコ	브랑코
僕の 心に	보크노 고코로니
今も ゆれる	이마모 유레루
あの 白い	아노 시로이
ブランコ	브랑코
幼い 恋を	오사나이 고이오
見つめて くれた	미츠메테 구레타
あの 白い	아노 시로이
ブランコ	브랑코
まだ	마다
こわれずに	고와레즈니
あるのなら	아루노나라
君の おもかげ	기미노 오모카게
抱きしめて	다키시메테
一人で	히토리데
ゆれて	유레테
みようかしら	미요우카시라
遠い	토오이

あの 日の	아노 히노
白い 白い	시로이 시로이
ブランコ	브랑코

번　역

그대는 기억하고 있는가
그 하얀 그네
바람에 휘날리며
둘이서 흔들렸던
그 하얀 그네
해 저물 녘에는
언제나 외롭다고
조그만
어깨를 떨었던
그대에게
입맞춤하던 때
부드럽게
흔들렸던
하얀 하얀 그네

내 마음 속엔
지금도 흔들리고있는
그 하얀 그네

어릴 적 풋사랑을

지켜봐 주었던

그 하얀 그네

아직

부서지지 않고 있다면

그대의 기억을

가슴에 안고

혼자서

흔들려 볼까

먼 그 옛날의

하얀 하얀 그네

단어 · 어휘 · 문법

君は(きみは。 기미와) → 君(남성어. 그대)＋は(는) 〈그대는〉

おぼえているかしら(覚えているかしら。 오보에테 이루카시라) → おぼえ
て(원형 おぼえる－覚える。 오보에루。 기억하다－의 연용형)＋いる(현
재형)＋かしら(의문형 부조사) 〈기억하고 있을까〉

あの(아노) → 지시어 (저. 저 것)인데 이곳에서는 기억 속의 대상이므로
〈그〉로 함.

白い(しろい。 시로이) → 〈하얀〉

ブランコ(ぶらんこ。 브랑코) → 〈그네〉

風に(かぜに。 가제니) → 風(바람)＋に(에) 〈바람에〉

吹かれて(ふかれて。 후카레테) → 원형은 吹く(ふく。 후쿠。 불다) 이곳에

서는 수동형 임.〈휘날리면서. 휘날리며〉

二人で(ふたりで。 후타리데) → 二人(둘)＋で(이서)〈둘이서〉

ゆれた(揺れた。 유레타) → 원형 ゆれる(揺れる。 유레루。 흔들리다)의 과거 연용형〈흔들렸던〉

日暮れは(ひぐれは。 히구레와) → 日暮れ(해질무렵)＋は(주격 조사. 은) 〈저녁 무렵에는. 해질 무렵에는〉

いつも(이츠모) →〈언제나〉

淋しいと(さびしいと。 사비시이토) → 淋しい(외롭다)＋と(고)〈외롭다고. 쓸쓸하다고〉

小さな(ちいさな。 치이사나) → 원형 小さい(ちいさい。 치이사이。 작다) 의 연체형.〈작은. 조그만〉

肩を(かたを。 가타오) → 肩(어깨)＋を(목적격 조사. 를)〈어깨를〉

ふるわせた(震わせた。 후루와세타) → 원형 振わせる(ふるわせる。 후루와 세루。 떨다)의 과거형.〈떨던. 진저리치던〉

くちづけした(口づけした。 구치즈케시타) → 口づけ(입맞춤)＋した(する의 연용형. 하던)〈입맞춤하던〉

時に(ときに。 도키니) → 時(때)＋に(에)〈때에〉

優しく(やさしく。 야사시쿠) → 원형 優しい(やさしい。 야사시이。 부드럽 다)〈부드럽게〉

僕の(ぼくの。 보쿠노) → 僕(남성어. 나)＋の(의)〈나의. 내〉

心に(こころに。 고코로니) → 心(마음)＋に(에)〈마음에〉

今も(いまも。 이마모) → 今(지금)＋も(도)〈지금도〉

幼い(おさない。 오사나이) →〈어린〉

恋を(こいを。 고이오) → 恋(사랑)＋を(목적격조사. 을)〈사랑을〉

見つめて(みつめて。 미츠메테) → 원형 見つめる(みつめる。 미츠메루。

응시하다)의 연용형. 〈응시하던. 보던〉

くれた(구레타) → 원형 くれる(구레르。 주다)의 과거형. 〈주던. 주었던〉

まだ(마다) → 〈아직〉

こわれずに(壊れずに。 고와레즈니) → こわれ(원형 壊れる－こわれる。 고와레르。 부서지다. 망가지다－의 미연형. 망가지지)＋ず(부정의 의미. 않고)＋に 〈망가지지 않고. 부서지지 않고〉

あるのなら(아루노나라) → ある(존재의 의미. 있다)＋の(확인의 종조사)＋なら(가정의 접속 조사. ～면) 〈있다면〉

おもかげ(面影。 오모카게) → 〈잔영. 기억〉

抱きしめて(だきしめて。 다키시메테) → 원형 抱きしめる(だきしめる。 다키시메루。 껴안다. 품다)의 연용형. 〈껴안고. 품고〉

ひとりで(一人で。 히토리데) → ひとり(혼자)＋で(격조사. 서) 〈혼자서〉

みようかしら(미요우카시라) → みよう(원형 みる－見る。 미루。 보다－의 미래형)＋かしら(의문형 부조사) 〈볼까〉

遠い(とおい。 토오이) → 〈먼〉

해 설

    사람은 언제나 친한 사람과 이별을 합니다. 어릴 때의 친구와는 특히 그렇습니다만 이 곡은 그러한 남녀의 이별을 노래한 곡이라고 할 수 있습니다.

    1960년대 후반에 대 힛트한 포크송의 명곡입니다.

4. なごり雲(잔설)

나고리 유키

イルカ 歌   伊勢正三 作詞・作曲

가   사

汽車を 待つ	기샤오 마츠
君の 横で	기미노 요코데
僕は	보크와
時計を	도케이오
気に している	기니 시테이루
季節 はずれの	기세츠 하즈레노
雪が	유키가
降ってる	훗테루
東京でみる	토-쿄오데미루
雪は	유키와
これが	고레가
最後ねと	사이고네토
さみしそうに	사미시소우니
君が	기미가
つぶやく	츠브야쿠
なごり 雪も	나고리 유키모
降るときを 知り	후루 토키오 시리
ふざけ すぎた	후자케 스기타
季節の	기세츠노
あとで	아토데
今 春が 来て	이마 하루가 기테
君は	기미와
きれいに なった	기레이니 낫타

去年より ずっと	교넹요리 즛토
きれいに なった	기레이니 낫타
動き 始めた	우고키 하지메타
汽車の 窓に	기샤노 마도니
顔を つけて	가오오 츠케테
君は 何か	기미와 나니카
言おうと	이오우토
して いる	시테 이루
君の くちびるが	기미노 구치비루가
さようならと	사요-나라토
動く ことが	우고쿠 고토가
こわくて	고와쿠테
下を むいてた	시타오 무이테타
時が ゆけば	도키가 유케바
幼い 君も	오사나이 기미모
大人に なると	오토나니 나루토
気づかない まま	기즈카나이 마마
今 春が来て	이마 하루가기테
君は	기미와
きれいに なった	기레이니 낫타
去年より ずっと	교넹요리 즛토
きれいに なった	기레이니 낫타
君が 去った	기미가 삿타
ホームに のこり	호무니 노코리

落ちては	오치테와
とける	도케루
雪を	유키오
見ていた	미테이타
今 春が 来て	이마 하루가키테
君は	기미와
きれいに なった	기레이니 낫타
去年より ずっと	쿄넹요리 즛토
きれいに なった	기레이니 낫타

번 역

기차를 기다리는

그대 옆에서

나는 시계를

걱정하고 있네

계절에

걸맞지 않게

눈이 내린다

토오쿄오에서

보는 눈은

이게 마지막이네 라고

쓸쓸한 듯

그대는

중얼거리었지
잔설도
내릴 때를
알고 있네
허무하게 지내버린
계절 끝에
지금 봄이 되니
그대는
예뻐졌다
작년보다 훨씬
예뻐졌다

움직이기 시작한
기차의 창에
얼굴을 대고
그대는 무언가
말하려고 했지
그대의 입술이
안녕 이라고
움직이는 것이
무서워서
땅만
쳐다보고 있었다
때가 지나면
어린 그대도
어른이 되고

생각지도 않은 채

지금 봄이 되니 그대는

예뻐졌다

작년보다 훨씬

예뻐졌다

그대가 떠나고 난

프렛트홈에 남아

떨어져서는

녹아버리는

눈을

보고 있었지

지금 봄이 되니

그대는

예뻐졌다

작년보다 훨씬

예뻐졌다

단어 · 어휘 · 문법

汽車を(きしゃを。 기샤오) → 汽車(기차)＋を(목적격 조사. 를) 〈기차를〉

待つ(まつ。 마츠) → 원형 待つ(まつ。 마츠。 기다리다)의 연용형 〈기다
리는〉

君の(きみの。 기미노) → 君(그대)＋の(소유격 조사. 의) 〈그대의〉

横で(よこで。 요코데) → 横(옆)＋で(장소를 나타내는 격조사. 에서) 〈옆
　　에서〉

僕は(ぼくは。 보크와) → 僕(나. 남성어)＋は(주격 조사. 는) 〈나는〉

時計を(とけいを。 도케이오) → 時計(시계)＋を(목적격 조사. 를) 〈시계를〉

気にしてる(きにしてる。 기니시테루) → 원형 気にする(きにする。 기니스
　　르。 걱정하다) 의 현재형 〈걱정하고 있다〉

季節外れの(きせつはずれの。 기세츠하즈레노) → 季節(계절)＋はずれ(벗어
　　나다)＋の(연체 수식. 〜는) 〈계절에 맞지 않는. 계절에 걸맞지 않는〉

雪が(ゆきが。 유키가) → 雪(눈)＋が(주격 조사. 이) 〈눈이〉

降ってる(ふってる。 훗테루) → 원형은 降る(ふる。 후루。 내리다). 그것
　　의 현재 진행형 降っている의 회화체. 〈내리고 있다〉

東京で(とうきょうで。 토오쿄오데) → 東京(동경)＋で(장소를 나타내는 격
　　조사. 에서) 〈동경에서〉

見る雪は(みるゆきは。 미루유키와) → 見る(보는)＋雪(눈)＋は(주격 조사.
　　은) 〈보는 눈은〉

これが(これが。 고레가) → これ(이것)＋が(주격 조사. 이) 〈이것이〉

最後ねと(さいごねと。 사이고네토) → 最後(마지막)＋ね(종조사. 이네)＋と
　　(라고) 〈마지막이네 라고〉

さみしそうに(寂しそうに。 사미시소우니) → さみしい(쓸쓸하다)＋そうに
　　(〜것처럼) 〈쓸쓸한 듯이〉

君が(きみが。 기미가) → 君(그대)＋が(주격 조사. 가) 〈그대가〉

つぶやく(呟く。 츠브야쿠) → 〈중얼거리다. 혼자 말을 하다〉

なごり雪も(なごりゆきも。 나고리유키모) → なごり雪(잔설)＋も(도)
　　〈잔설도〉

降る時を(ふるときを。 후루토키오) → 降る(연용형. 내릴)＋時(때)＋を(목
　　적격 조사.를) 〈내릴 때를〉

知り(しり。 시리) → 원형 知る(しる。 시루。 알다)의 연용형. 〈알고〉

ふざけすぎた(후자케스기타) → 원형 ふざけすぎる(후자케스기루。 지나치게 까불다. 지나치게 장난치다)의 과거 연용형. 의역하여 〈허무하게 지내버린〉

後で(あとで。 아토테) → 後(나중)＋で(에) 〈마지막에. 나중에〉

今(いま。 이마) → 〈지금〉

春が(はるが。 하루가) → 春(봄)＋が(주격 조사. 가) 〈봄이〉

来て(きて。 기테) → 원형 来る(くる。 구루。 오다)의 연용형 〈와서. 오고〉

きれいになった(기레이니낫타) → きれい(예쁘다)＋に(격조사. ～게)＋なった(원형 なる의 과거 완료형. 되었다) 〈예뻐졌다〉

去年より(きょねんより。 교넹요리) → 去年(작년)＋より(보다) 〈작년보다〉

ずっと(즛토) → 〈훨씬〉

動き始めた(うごきはじめた。 우고키하지메타)→ 원형 動き始める(うごきはじめる。 우고키하지메루。 움직이기 시작하다)의 연용형 〈(이제 막) 움직이기 시작한〉

汽車の(きしゃの。 기샤노) → 汽車(기차)＋の(격조사. 의) 〈기차의〉

窓に(まどに。 마도니) → 窓(창)＋に(격조사. 에) 〈창에〉

顔を(かおを。 가오오) →顔(얼굴)＋を(목적격 조사.를) 〈얼굴을〉

つけて(츠케테) → 원형 つける(츠케루。 대다)의 연용형. 〈대고〉

何か(なにか。 나니카) → 〈무엇인가〉

言おうと(いおうと。 이오우토) → 원형 言う(いう。 이우。 말하다)의 의지형 〈말하려고〉

している(시테이루) → して(원형 する－스르。 하다－의 연용형. 하고)＋いる(있다) 〈하고 있다〉

くちびるが(唇が。 구치비루가) → くちびる(입술)＋が(주격 조사. 이) 〈입술이〉

さようならと(사요-나라토) → さわうなら(안녕)＋と(이라고) 〈안녕이라고〉

動くことが(うごくことが。 우고크코토가) → 動く(움직이다)＋こと(것) ＋が(주격 조사. 가) 〈움직이는 것이〉

こわくて(怖くて。 고와쿠테) → 원형 怖い(こわい。고와이。 무섭다) 〈무서워서〉

下を(したを。시타오) → 下(밑)＋を(목적격 조사을) 〈밑을. 아래를. 땅을〉

むいてた(向いてた。 무이테타) → 원형은 向く(むく。무쿠。 향하다). 현재형 向いていた의 회화체 〈보고 있었다. 향했다〉

時が(ときが。 도키가) → 時(때)＋が(주격 조사. 가) 〈때가. 시간이〉

ゆけば(行けば。 유케바) → 원형 行く(ゆく。유쿠。 가다)의 가정형 〈지나면〉

幼い君も(おさないきみも。 오사나이 기미모) → 幼い(어린)＋君(그대)＋も (도) 〈어린 그대도〉

大人(おとな。오토나) → 〈어른〉

～になると(～니나루토) → に(격조사. ～가)＋なる(되다)＋と(～면) 〈～이 되면〉

気づかない(きづかない。 기즈카나이) → 원형 気づく(きづく。 기즈크。 눈치채다)의 부정형 〈눈치채지 못하다. 모르다〉

まま(마마) → 〈～채〉

去った(さった。삿타) → 원형 去る(さる。 사루。 지나가다) 〈가버린〉

ホームに(ほーむに。 호무니) → ホーム(플렛트 홈)＋に(장소를 나타내는 격조사. 에) 〈플렛트 홈에〉

のこり(残り。노코리) → 원형은 残る(のこる。 노코루。 남다) 〈남아서〉

落ちては(おちては。오치테와) → 落ちて(원형 落ちる－おちる。 오치루。 떨어지다. 내리다－의 연용형. 떨어지고)＋は(～는) 〈떨어지고는〉

とける(解ける。 토케루) → 〈녹는〉

見ていた(みいてた。 미테이타) → 원형 見ている(みている。 미테이루。
　　보고 있다)의 현재형. 〈보고 있었다〉

해　　설

　3월의 이별을 감동적으로 묘사하고 있는 이 노래는 21세기에 전하고 싶은
명곡 중의 명곡으로 뽑힌 곡이기도 합니다.
　가수 イルカ(이루카)는 현재 그 상냥함과 부드러운 성격으로 라디오 DJ로
서 활약하고 있다고 합니다.

5. 翼をください(날개를 주세요)

츠바사오 구다사이

赤い 鳥 歌　山上 路夫 作詞

村井 邦彦 作曲

가 사

今	이마
私の	와타시노
願いことが	네가이코토가
かなうなら	가나우나라
翼が ほしい	츠바사가 호시이
この	고노
背中に	세나카니
鳥の ように	토리노 요우니
白い翼	시로이츠바사
つけて ください	츠케테 구다사이
この	고노
大空に	오오조라니
翼を ひろげ	츠바사오 히로게
飛んで	톤데
行きたいよ	이키타이요
悲しみの ない	가나시미노 나이
自由な 空へ	지유나 소라에
翼 はためかせ	츠바사 하타메카세
行きたい	이키타이
いま	이마
富とか	토미토카
名誉ならば	메이요나라

いらないけど	이라나이케도
翼が	츠바사가
ほしい	호시이
子供の 時	고도모노 도키
夢 見たこと	유메 미타코토
今も	이마모
同じ 夢に	오나지 유메오
見ている	미테이루
この 大空に	고노 오오조라니
翼を ひろげ	츠바사오 히로게
飛んで	톤데
いきたいよ	이키타이요
悲しみの ない	가나시미노 나이
自由な 空へ	지유-나 소라에
翼 はためかせ	츠바사 하타메카세
行きたい	이키타이

✍ 번 역

지금
내 소원이
이루어진다면
날개를 주세요
이 등에

새처럼

하얀 날개

달아 주세요

이 넓은 하늘에

날개를 펴고

날라 가고 싶어요

슬픔이 없는

자유로운 하늘로

날개를 파닥이며

날아가고 싶어요

지금

부나 명예라면

필요 없지만

날개라면 주세요

어린 시절

꿈에 그리던 것

지금도

똑같이

꿈꾸고 있어요

이 넓은 하늘에

날개를 펴고

날아가고 싶어요

슬픔이 없는

자유로운 하늘로

날개를 파닥이며

날라 가고 싶어요

단어 · 어휘 · 문법

いま(今。 이마) → 〈지금〉

私の(わたしの。 와타시노) → 私(나)+の(소유격 조사. 의) 〈나의〉

願いことが(ねがいことが。 네가이코토가) → 願い(원형 願う―ねがう。 네가우。 원하다―의 명사형. 소원)+こと(것)+が(주격 조사. 이) 〈소원이〉

かなうならば(適うならば。 가나우나라바) → 適う(이루어지다)+ならば(가정형. ~한다면) 〈이루어진다면〉

翼が(つばさが。 츠바사가) → 翼(날개)+が(주격 조사. 가) 〈날개가〉

ほしい(호시이) → 〈~가 갖고싶다〉

この(고노) → 〈이〉

背中に(せなかに。 세나카니) → 背中(등)+に(에) 〈등에〉

鳥(とり。 토리) → 〈새〉

~のように(~노요우니) → 〈~처럼〉

白い(しろい。 시로이) → 〈하얀〉

つけてください(付けて下さい。 츠케테쿠다사이) → つけて(원형 付ける―つける。 츠케루。 붙이다―의 연용형. 붙쳐. 달아)+ください(주세요) 〈달아 주세요〉

大空に(おおぞらに。 오오조라니) → 大空(넓은 하늘)+に(에) 〈넓은 하늘에〉

ひろげ(広げ。 히로게) → 원형은 広げる(ひろげる。 히로게루。 넓히다. 펴다) 〈펴고〉

飛んで(とんで。 톤데) → 원형 飛ぶ(とぶ。 토부。 날다) 〈날라〉

行きたいよ(いきたいよ。 이키타이요) → 行きたい(가고 싶다)＋よ(종지형
　　어미. ~요) 〈가고 싶어요〉

悲しみの(かなしみの。 가나시미노) → 悲しみ(슬픔)＋の(주격 조사 대용)
　　〈슬픔이〉

ない(無い。 나이) → 〈없는〉

自由な(じゆうな。 지유-나) → 自由(자유)＋な(~로운) 〈자유로운〉

空へ(そらへ。 소라에) → 空(하늘)＋へ(방향을 나타내는 격조사. 로) 〈하
　　늘로〉

はためかせ(하타메카세) → 원형 はためく(하타메쿠。 파닥이다. 펄럭이다)
　　의 사역형. 〈파닥거리며〉

富とか(とみとか。 토미토카) → 富(부)＋とか(라든지) 〈부나. 부라든지〉

名誉(めいよ。 메이요) → 〈명예〉

ならば(나라바) → 〈~라면〉

いらない(要らない。 이라나이) → 원형 要る(いる。 이루。 필요하다)의 부
　　정형. 〈필요없다〉

~けど(~케도) → けれども의 축약형. 〈~라고 하지만. ~라고 해도〉

子供の時(こどものとき。 고도모노토키) → 子供(어린이)＋の(격조사. 의)＋
　　時(때) 〈어린 시절. 어린 때〉

夢見たこと(ゆめみたこと。 유메미타코토) → 夢(꿈)＋見た(보던)＋こと
　　(것) 〈꿈에 그리던 것〉

同じ(おなじ。 오나지) → 〈똑같이〉

해   설

　이 곡은 밝고 아름다운 선율과 희망 찬 가사로 인해 초등학교 6학년의 음악 교과서에 실린 노래입니다.
　이 외에 우리나라의 〈아리랑〉도 6학년 음악 교과서에 실려있어 한국의 소개와 더불어 불려지고 있습니다.

6. 心の旅(마음의 여행)

고코로노 타비

チューリップ 歌　財津 和夫 作詞・作曲

가　사

ああ	아아
だから	다카라
今夜だけは	곤야다케와
君を	기미오
抱いて いたい	다이테 이타이
ああ	아아
明日の	아시타노
今頃は	이마고로와

僕は	보크와
汽車の 中	기샤노 나카
旅立つ	다비다츠
僕の 心を	보크노 고코로오
知って	싯테
いたのか	이타노카
遠く	토오쿠
離れて しまえば	하나레테 시마에바
愛は	아이와
終わると いった	오와루토 잇타
もしも	모시모
許されるなら	유루사레루나라
眠りに ついた	네무리니 츠이타
君を	기미오
ポケットに	포켓토니
つめこんで	츠메콘데
そのまま	소노마마
つれ去りたい	츠레사리타이
ああ	아아
だから	다카라
今夜だけは	곤야다케와
君を	기미오
抱いていたい	다이테 이타이
ああ	아아

明日の	아시타노
今頃は	이마고로와
僕は	보크와
汽車の 中	기샤노 나카

にぎやかだった	니기야카닷타
街も	마치모
今は	이마와
声を 静めて	고에오 시즈메테
何を	나니오
待って いるのか	맛테 이루노카
何を	나니오
待って いるのか	맛테 이루노카
いつの いつの	이츠노 이츠노
時でも	도키데모
僕は	보크와
忘れは しない	와스레와 시나이
愛に	아이니
終りが あって	오와리가 앗테
心の 旅が	고코로노 다비가
はじまる	하지마루

ああ	아아
だから	다카라
今夜だけは	곤야다케와
君を	기미오

抱いていたい	다이테 이타이
ああ	아아
明日の	아시타노
今頃は	이마고로와
僕は	보크와
汽車の中	기샤노 나카

ああ	아아
だから	다카라
今夜だけは	곤야다케와
君を	기미오
抱いていたい	다이테 이타이
ああ	아아
明日の	아시타노
今頃は	이마고로와
僕は	보크와
汽車の中	기샤노 나카

번 역

아아
그러니까
오늘 밤 만은
그대와

함께 있고 싶어
아아
내일 이 때쯤이면
나는
열차 속에

떠나는 내 마음을
알고 있었는가
멀리 떨어져 버리면
사랑은
끝이라고 했지
만일
될 수만 있다면
잠들어버린 그대를
주머니 속에 넣어
그대로
떠나버리고 싶어

아아
그러니까
오늘 밤 만은
그대와
함께 있고 싶어
아아
내일 이 때쯤이면
나는

열차 속에

활기차던 거리도
지금은 적막하고
무엇을
기다리는가
무엇을
기다리는가
언제까지
언제까지나
나는
잊지 않아
사랑이 끝나고
마음의 방황이
시작되네

아아
그러니까
오늘 밤 만은
그대와
함께 있고 싶어
아아
내일 이때쯤이면
나는
열차 속에
아아

그러니까

오늘 밤 만은

그대와

함께 있고 싶어

아아

내일 이 때쯤이면

나는

열차 속에

단어 · 어휘 · 문법

ああ(아아) → 감탄사. 〈아아〉

だから(다카라) → だ(종지형 ~이다. ~다)+から(이유·원인을 나타내는 격조사) 〈그렇기 때문에. 그러니까〉

今夜(こんや。 곤야) → 〈오늘밤〉

だけは(다케와) → だけ(체언의 범위를 제한하는 부조사. ~만)+は(주격 조사. 는) 〈~만은〉

君を(きみを。 기미오) → 君(그대)+を(목적격 조사.를) 〈그대를〉

抱いて(だいて。 다이테) → 원형 抱く(だく。 다쿠。 안다. 껴안다. 품다)의 연용형 (안고). 이곳에서는 문맥상 〈함께〉로 의역하였씀.

いたい(이타이) → い(원형 いる－이루。 있다－의 연용형)+たい(희망의 의지를 나타내는 조동사) 〈있고 싶다〉

明日の(あしたの。 아시타노) → 明日(내일)+の(격조사. 의) 〈내일의〉

今頃は(いまごろは。 이마고로와) → 今(지금)+頃(~쯤)+は(격조사. 은)

〈지금쯤은. 이때쯤은〉

僕は(ぼくは。 보크와) → 僕(남성어. 나)＋は(주격 조사. 는) 〈나는〉

汽車の(きしゃの。 기샤노) → 汽車(기차)＋の(격조사. 의) 〈기차의. 열차의〉

中(なか。 나카) → 〈속. 안〉

旅立つ(たびだつ。 타비다츠) → 旅(여행)＋立つ(떠나다)로 (여행을 떠나다)이나 たつ(떠나다)가 이곳에서는 연체형(떠나는)으로 쓰임. 〈여행 떠나는〉

心を(こころを。 고코로오) → 心(마음)＋を(목적격 조사. 을) 〈마음을〉

知っていた(しっていた。 싯테이타) → 知って(원형 知る―しる。 시루. 알다―의 연용형. 알고)＋いた(いる의 과거형. 있었다) 〈알고 있었다〉

のか(のか。 노카) → の(종지형에 붙어 체언의 뜻을 강조하는 접미어)＋か(의문사. ～가) 〈～가〉

遠く(とおく。 토오쿠) → 원형 遠い(とおい。 토오이。 멀다)의 부사 〈멀리〉

離れて(はなれて。 하나레테) → 원형 離れる(はなれる。 하나레루。 접근해 있던 것이 분리된 상태로 되다. 어느 곳으로부터 멀리 떨어지다. 관계가 끊어지다)의 연용형. 〈헤어져〉

しまえば(終えば。 시마에바) → 원형 終う(しまう。 시마우。 끝나다. 그만두다)의 연용형＋ば(추측・가정의 접속 조사) 〈～버리면〉

愛は(あいは。 아이와) → 愛(사랑)＋は(주격 조사. 은) 〈사랑은〉

終わる(おわる。 오와루) → 〈끝나다〉

といった(と言った。 토잇타) → と(격조사. ～라고)＋いった(いう의 과거형. 말했다) 〈～라고 했다〉

もしも(若しも。 모시모) → 〈만약. 만일〉

許されるなら(ゆるされるなら。 유루사레루나라) → 許される(허락하다. 승낙하다)＋ならば(추측・가정의 접속 조사. ～라면) 〈허락된다면. 될 수

만 있다면〉

眠りについた(ねむりについた。 네무리니 츠이타) → 眠り(수면. 잠)+に
(조사. 에)+ついた(원형 つく의 과거현재형)〈잠들은〉

ポケットに(ぽけっとに。 포켓토니) → ポケット(주머니)+に(조사. 에)〈주
머니에〉

つめこんで(詰め込んで。 츠메콘데) → 원형 詰め込む(つめこむ。 츠메코
무。 쳐넣다. 쑤셔 넣다)의 연용형.〈집어 넣고〉

そのまま(소노마마) →〈그대로〉

連れ去りたい(つれさりたい。 츠레사리타이) → つれさり(원형 連れ去る의
연용형. 데리고 도망가다.)+たい(희망, 바램을 나타내는 조동사.)〈데리
고 도망가고 싶다〉

にぎやかだった(賑やかだった。 니기야카닷타) → 원형 賑やか(にぎやか。
니기야카。 번화하다. 시끌벅적하다)의 과거 연용형.〈떠들석했던〉

街も(まちも。 마치모) → 街(거리)+も(조사. 도)〈거리도〉

声を(こえを。 고에오) → 声(목소리)+を(목적격 조사.를)〈목소리를〉

静めて(しずめて。 시즈메테) → 원형 静める(しずめる。 시즈메르。 가라앉
히다. 평정을 되찾다.)의 연용형. (조용히 하고). 이곳에서는 의역하여
〈적막하고〉

なにを(何を。 나니오) → なに(何。 무엇)+を(목적격 조사.을)〈무엇을〉

まっているのか(待っているのか。 맛테이루노카) → まっている(기다리고
있다)+の (격조사. 것)+か(의문형. ~까)〈기다리고 있는가〉

いつの時でも(いつのときでも。 이츠노 토키데모) → いつ(언제)+の(격조
사. 의)+時(때)+でも(접속 조사. 라도)〈언제라도〉

忘れは(わすれは。 와스레와) → わすれ(원형 忘れる-わすれる。 와스레
루。 잊어 버리다. 망각하다-의 연용형. 잊어버리지)+は(주격조사.

　　는) 〈잊지는〉

しない(시나이) → し(원형 する－스르。 하다－의 연용형)+ない(부정형)

　　〈~하지 않는다〉

あって(앗테) → 원형 ある(아루。 있다)의 연용형. 〈있어서. 있고〉

心の(こころの。 고코로노) → 心(마음)+の(격조사. 의) 〈마음의〉

はじまる(始まる。 하지마르) → 〈시작되다〉

　이 노래를 부른 그룹 チューリップ(츄립프)는 일본의 비틀즈라고 할 수 있습니다. 실제로 그들은 비틀즈에 큰 영향을 받고 적어도 비틀즈에 접근하는 가수가 되고자 노력하였다고 합니다.

　남녀의 이별을 노래한 이 곡 역시 부드럽고 달콤한 리듬이 비틀즈 적이라고 말해지고 있습니다.

7. 青春時代(청춘 시대)

세이슈운 지다이

森田公一とトップギャラン 歌　　阿久 悠 作詞

そつぎょう まーでの ー　　はんと しで ー
ふたり は も ー はや　　うっく し い

こたえ を だ すと ー　　いう け れど ー
きせつ を い きて ー　　しまっ た か ー

ふたり が くら した ー　　としつ きを ー
あなた は しょうじょの ー　　ときを すぎ ー

なん で はかれば ー　　いいの だろう ー
あい に かなしむ ー　　ひとに なる ー

せいしゅん じだいが ー　　ゆめ なんて ー

あとから ー　　ほのぼの ー ー おもう ー もの ー

せいしゅん じだいの ー　　まん なか は ー

みちに まよって　　いるば かり ー
むね に とげさす　　ことば かり ー

卒業までの	소츠교-마데노
半年で	한토시데
答えを 出すと	고타에오 다스토
言うけれど	이우케레도
二人が くらした	후타리가 구라시타
歳月を	토시츠키오
何で 計れば	난데 하카레바
いいの だろう	이이노 다로우
青春 時代が	세이슈운 지다이가
夢なんて	유메 난테
あとから	아토카라
ほのぼの	호노보노
思うもの	오모우모노
青春 時代の	세이슈운 지다이노
まん中は	만나카와
道に	미치니
まよっている ばかり	마욧테이루 바카리
二人は もはや	후타리와 모하야
美しい 季節を	우츠쿠시이 기세츠오
生きて しまったのか	이키테 시맛타노카
あなたは	아나타와
少女の 時を 過ぎ	쇼오죠노 도키오 스기

愛に	유메니
かなしむ	가나시무
人に なる	히토니 나루
青春 時代が	세이슈운 지다이가
夢なんて	유메난테
あとから	아토카라
ほのぼの	호노보노
思うもの	오모우모노
青春 時代の	세이슈운 지다이노
まん中は	만나카와
胸に	무네니
とげさす	도게사스
こと ばかり	고토 바카리
青春 時代が	세이슈운 지다이가
夢なんて	유메난테
あとから	아토카라
ほのぼの	호노보노
思うもの	오모우모노
青春 時代の	세이슈운 지다이노
まん中は	만나카와
胸に	무네니
とげさす	도게사스
こと ばかり	고토 바카리

번 역

졸업 때까지

반년 안에

결론을

내겠다고 하지만

둘이 함께 한

세월을

무엇으로

재면

좋단 말인가

청춘 시절이

꿈이라고

나중에서야

어렴풋이

알게 되네

청춘 시절

한창 때는

헤매고 있을 뿐

두 사람은

벌써

아름다운 계절을

살고 말았단 말인가

그대는

소녀를 지나
사랑에
슬퍼하는
사람이 되네
청춘 시절이
꿈이라고
나중에서야
어렴풋이
알게 되네
청춘 시절
한창 때는
가슴 아픈 일
투성이

청춘 시절이
꿈이라고
나중에서야
어렴풋이
알게 되네
청춘 시절
한창 때는
가슴 아픈 일
투성이

단어 · 어휘 · 문법

卒業までの(そつぎょうまでの。 소츠교오 마데노) → 卒業(졸업)＋まで(한
　　정의 의미를 갖는 부조사. 까지)＋の(격조사. 의) 〈졸업 때까지(의)〉

半年で(はんとしで。 한토시데) → 半年(반년)＋で(격조사. 까지. 안에) 〈반
　　년 안에〉

答えを(こたえを。 고타에오) → 答え(답. 대답)＋を(목적격 조사.을) (대답
　　을) 이곳에서는 의역하여 〈결론을〉

出すと(だすと。 다스토) → だす(내다)＋と(~라고) 〈낸다고〉

言うけれど(いうけれど。 이우케레도) → いう(말하다)＋けれど(접속 조사.
　　~하지만) 〈말하지만〉

二人が(ふたりが。 후타리가) → 二人(두 사람)＋が(주격조사. 이) 〈둘이〉

くらした(暮らした。 구라시타) → 원형 くらす(暮らす。 구라스。 살다. 지
　　내다)의 과거 연체형. 〈산. 살은〉

歳月を(さいげつを。 사이게츠오) → 歳月(세월)＋を(목적격 조사. 을)
　　〈세월을〉

何で(なにで。 나니데) → 何(무엇)＋で(수단. 방법을 나타내는 격조사. 으
　　로) 〈무엇으로〉

計れば(はかれば。 하카레바) → 원형 計る(はかる。 하카루。 계량하다. 저
　　울질하다)의 가정형. 〈재면〉

いいのだろう(이이노 다로우) → いい(좋다)＋の(체언의 말미에 붙는 격조
　　사. ~단)＋だろう(추측을 나타내는 의문 종지형. 이곳에서는 어미〈か〉
　　가 생략 되었음. ~까?) 〈좋단 말인가〉

青春時代が(せいしゅんじだいが。 세이슈운 지다이가) → 青春(청춘)＋時代
　　(시대. 시절)＋が(주격 조사. 이) 〈청춘 시절이〉

夢何て(ゆめなんて。　유메난테)　→　夢(꿈)＋なんて(체언을 강조. ～라고)
　　〈꿈이라고〉

あとから(後から。　아토카라)　→　あと(후. 나중)＋から(기점을 나타내는 격
　　조사. ～부터) 의역하여 〈나중에서야〉

ほのぼの(仄々。　호노보노)　→　〈어렴풋이〉

思うもの(おもうもの。　오모우모노)　→　思う(생각하다)＋もの(체언의 의미
　　를 주장하는 종조사. 이곳에서는 체언「생각하다」를 강조) 〈생각한다〉

まん中は(まんなかは。　만나카와)　→　まんなか(제일 중간)＋は(주격 조사.
　　은) 의역하여 〈한참 때는〉

道に(みちに。　미치니)　→　道(길)＋に(격조사. 에. 을) 〈길을〉

まよっている(迷っている。　마욧테이루)　→　원형 まよう(迷う。　마요우.
　　헤매다)의 현재 진행형. 〈헤매고 있다〉

ばかり(바카리)　→　정도를 나타내는 부조사. 〈뿐〉

もはや(모하야)　→　〈이미. 벌써〉

美しい(うつくしい。　우츠쿠시이)　→　연용형. 〈아름다운〉

季節を(きせつを。　기세츠오)　→　季節(계절)＋を(목적격 조사.을) 〈계절을〉

生きて(いきて。　이키테)　→　원형 生きる(いきる。　이키루.　살다)의 연용
　　형. 〈살아〉

しまったか(終ったか。　시맛타카)　→　しまった(원형 しまう－終う。　시마
　　우. 끝나다의 과거형. 끝났다)＋か(의문 종지형) 〈끝났는가?〉

あなたは(貴方は。　아나타와)　→　あなた(당신. 그대)＋は(주격 조사. 는)
　　〈그대는〉

少女の(しょうじょの。　쇼오죠노)　→　少女(소녀)＋の(격조사. 의) 〈소녀의〉

時を(ときを。　도키오)　→　時(때)＋を(목적격 조사. 를) 〈때를〉

過ぎ(すぎ。　스기)　→　원형 過ぎる(すぎる。　스기루.　지나다)의 연용형. 〈지나고〉

愛に(あいに。　아이니)　→　愛(사랑)＋に(격조사. 에) 〈사랑에〉

かなしむひと(悲しむ人。 가나시무 히토) →かなしむ(원형 かなしむ−悲し
　　む。 가나시무。 슬퍼하다−의 연체형. 슬퍼하는)＋人(사람) 〈슬퍼하는
　　사람〉

～になる(～니 나루) → に(격조사)＋なる(되다) 〈～이 되다〉

胸に(むねに。 무네니) → 胸(가슴)＋に(격조사. 에) 〈가슴에〉

とげ(刺。 도게) → 〈바늘. 가시〉

さす(刺す。 사스) → 〈찌르다〉

こと(事。 고토) → 〈일〉

해　설

　　1977년 발표된 이 곡으로 이 그룹은 그 해 최고의 가수상을 획득하였습니
다. 청춘 시절을 노래한 수많은 곡 중에서도 인기 수명이 긴 명곡이라고 할
수 있습니다.

8. 北帰行 (귀향)

혹키코오

小林 旭 歌   宇田 博 作詞・作曲

窓は	마도와
夜露に ぬれて	요츠유니 누레테
都	미야코
すでに 遠のく	스데니 토오노쿠
北へ 帰る	기타에 가에루
旅人 ひとり	다비비토 히토리

涙	나미다
流れて やまず	나가레테 야마즈
夢は	유메와
空しく 消えて	무나시쿠 기에테
今日も	교-우모
闇を さすらう	야미오 사스라우
遠き 思い	토오키 오모이
はかなき 望み	하카나키 노조미
恩愛	온아이
われを 去りぬ	와레오 사리누
今は	이마와
黙して ゆかん	모쿠시테 유캉
何を また	나니오 마타
語るべき	가타루베키
さらば	사라바
祖国	소코크
いとしき 人よ	이토시키 히토요
明日は	아스와
いずこの 町か	이즈코노 마치카

번 역

창은 밤이슬에 젖고
도읍은 이미
멀어졌다
북으로 돌아가는
한 여객
눈물이
멈추질 않는다

꿈은
허망하게
사라지고
오늘도
어둠 속을 헤맨다
그 옛날의 바램
덧없는 바램
사랑의 기억
내게서
사라지지 않는다

지금은
묵묵히 떠날 수밖에
무엇을
또

말할 수 있단 말인가

안녕

조국

사랑하는 이요

내일은

어느 마을에

단어 · 어휘 · 문법

窓は(まどは。 마도와) → 窓(창. 창문)＋は(주격 조사. 은) 〈창문은〉

夜露に(よつゆに。 요츠유니) → 夜(밤)＋露(이슬)＋に(격조사. 에) 〈밤이슬에〉

ぬれて(濡れて。 누레테) → 원형 濡れる(ぬれる。 누레루。 젖다)의 연용
형. 〈젖고〉

都(みやこ。 미야코) → 〈도읍. 서울. 수도〉

すでに(스데니) → 〈이미. 벌써〉

遠退く(とおのく。 토오노쿠) → 〈멀리 떠나간다. 멀어져 간다〉

北へ(きたへ。 기타에) → 北(북. 북쪽)＋へ(방향을 나타내는 격조사. 에. 으
로) 〈북으로〉

帰る(かえる。 가에루) → 원형은 (돌아가다)이나 이곳에서는 연체형으로 쓰
임 〈돌아가는〉

旅人(たびびと。 타비비토) → 〈여행자. 여객〉

ひとり(一人。 히토리) → 〈한 사람〉

涙(なみだ。 나미다) → 〈눈물〉

流れて(ながれて。 나가레테) → 원형 流れる(ながれる。 나가레루。 흐르

다)의 연용형. 〈흘러서〉

やまず(止まず。　야마즈)　→　원형　止む(やむ。　야무。　멈추다)의 부정형.
〈멈추지 않는다〉

夢は(ゆめは。　유메와)　→　夢(꿈)＋は(주격 조사. 은) 〈꿈은〉

空しく(むなしく。　무나시쿠)　→　원형　空しい(むなしい。　무나시이。　허무하
다. 희망히다)의 부사형. 〈허망하게〉

消えて(きえて。　키에테)　→　원형　消える(きえる。　키에루。　사라지다)의 연
용형. 〈사라지고〉

今日も(きょうも。　쿄우모)　→　今日(오늘)＋も(조사. 도) 〈오늘도〉

闇を(やみを。　야미오)　→　闇(어둠)＋を(목적격 조사. 을) 의역하여 〈어둠 속을〉

さすらう(流離う。　사스라우)　→　〈방황하다. 헤매다〉

遠き(とおき。　토오키)　→　遠(원형　遠いーとおい。　토오이。　멀다. 멀리 떨
어지다－의 연용형)＋き(회상을 나타내는 조동사) 〈그 옛날〉

想い(おもい。　오모이)　→　〈생각. 바램. 희망〉

はかなき(하카나키)　→はかな(원형　はかないー하카나이。　덧없다－의 연용
형)＋き(회상을 나타내는 조동사) 〈덧없는〉

望み(のぞみ。　노조미)　→　〈바램. 희망〉

恩愛(おんあい。　온아이)　→　(자비. 사랑) 이곳에서는 의역함 〈사랑의 기억〉

我を(われを。　와레오)　→　我(나)＋を(목적격 조사. 를) 〈나를〉

去りぬ(さりぬ。　사리누)　→　去り(원형　去るーさる。　사루。　떠나다－의 미
연형)＋ぬ(부정의 의미를 갖는 문어체 조동사) 〈떠나지 않는다〉

今は(いまは。　이마와)　→　今(지금)＋は(주격 조사. 은) 〈지금은〉

黙して(もくして。　모크시테)　→　黙する(もくする。　모크스르。　입 다물고
있다. 말하지 않는다)의 연용형. 〈묵묵히〉

ゆかん(유캉)　→　ゆか(行くーいく。　이쿠。　가다－의 미연형)＋ん(부정의 가

정형. ~하지 않으면). 〈가지 않으면 안 된다〉

何を(なにを。 나니오) → 何(무엇)＋を(목적격 조사. 을) 〈무엇을〉

また(마타) → 〈또〉

語るべき(かたるべき。 가타루베키) → 語る(かたる。 가타루。 말하다) ＋べき(금지를 나타내는 조동사 べし의 연체형.) 이곳에서는 語るべき 뒤에 ことがあるか가 생략. 〈말할 수 있단 말인가〉

さらば(사라바) → 詩的인 의미의 〈안녕〉. 보통은 さようなら(사요-나라)라고 함.

祖国(そこく。 소코크) → 〈조국〉

いとしき(愛しき。 이토시키) → 愛しい(いとしい。 이토시이。 귀엽다. 사랑스럽다)의 연체형. 〈사랑스런〉

人よ(ひとよ。 히토요) → 人(사람)＋よ(종조사. ~아) 〈사람아〉

明日は(あすは。 아스와) → 明日(내일)＋は(주격 조사. 은) 〈내일은〉

いずこの(何処の。 이즈코노) → いずこ(현대어 どこ의 古語. 어디)＋の(격 조사. 의) 〈어디의〉

町か(まちか。 마치카) → 町(거리. 마을)＋か(의문형) (마을인가). 의역하여 〈마을에〉

해   설

1960년대 초반에는 〈北帰行〉와 같은 애조를 띤 삼 박자의 조용한 멜로디가 붐 이였다고 합니다.

처음에는 「旅の歌(여행의 노래)」라는 제목의 작사 작곡 미상으로 불리어졌다고 합니다만 宇田 博가 1941년 작사 작곡한 것이 판명되었다고 합니다.

가수 小林 旭가 영화 「渡り鳥北へ帰る(철새 북으로 돌아가다)」의 주제가로 불러 대 힛트를 쳤습니다.

9. 誰もいない海

다레모 이나이 우미

(아무도 없는 바다)

トワ・エ・モア 歌　山口 洋子 作詞

内藤 法美 作曲

い ま は ー も う あ き だ れ も ー い な い

う み ー し ら ん か お し て ひ と が ー ー ゆ き す ぎ

て も わ た し は ー わ す れ な い ー う

み に や く そ く ー し た ー か ら つ ら ー く て も ー

つ ら ー く て も ー し に は ー ー し な い と ー

가 사

今は	이마와
もう 秋	모- 아키
誰も いない	다레모 이나이
海	우미
知らん 顔して	시랑 가오시테
人が ゆきすぎても	히토가 유키스기테모
私は	와타시와
忘れない	와스레나이
海に	우미니
約束 したから	야크소크 시타카라
つらくても	츠라크테모
つらくても	츠라크테모
死には しないと	시니와 시나이토
今は	이마와
もう 秋	모- 아키
誰も いない	다레모 이나이
海	우미
たった	닷타
ひとつの	히토츠노
夢が	유메가
やぶれても	야브레테모
私は	와타시와

忘れない	와스레나이
砂に	스나니
約束 したから	야크소크 시타카라
淋しくても	사비시크테모
淋しくても	사비시크테모
死には	시니와
しないと	시나이토

今は	이마와
もう 秋	모- 아키
誰も いない	다레모 이나이
海	우미
いとしい 面影	이토시이 오모카게
帰らなくても	가에라 나크테모
私は	와타시와
忘れない	와스레나이
ひとりでも	히토리데모
ひとりでも	히토리데모
死には	시니와
しないと	시나이토

Z 번 역

지금은

벌써 가을
아무도 없는
바다
모르는 척 하고
사람이 지나가도
나는
잊을 수 없어
바다에게
약속 했으니까
힘들어도
힘들어도
죽지는
않겠다고

지금은
벌써 가을
아무도 없는
바다
단 하나의
꿈이 깨진다 해도
나는
잊을 수 없어
모래에게
약속했으니까
외로워도
외로워도

죽지는 않겠다고

지금은

벌써 가을

아무도 없는

바다

사랑스런 모습

돌아가지 않아도

나는

잊을 수 없어

하늘에

약속했으니까

혼자라도

혼자라도

죽지는

않겠다고

단어 · 어휘 · 문법

今は(いまは。 이마와) → 今(지금)＋は(주격 조사. 은) 〈지금은〉

もう(모-) → 〈이미. 벌써〉

秋(あき。 아키) → 〈가을〉

誰も(だれも。 다레모) → 誰(누구)＋も(조사. 도) 〈아무도〉

いない(이나이) → い(원형 いる-이루。 있다-의 미연형)＋ない(부정형.

없다) 이곳에서는 연체형으로 쓰임 〈없는〉

海(うみ。 우미) → 〈바다〉

知らん顔して(しらんかおして。 시랑카오 시테) → 知らん顔(모르는 척)
　　+して(する의 연용형.) 〈모르는척 하고〉

ひとが(ひとが。 히토가) → 人(사람)+が(주격 조사. 이) 〈사람이〉

ゆきすぎても(行き過ぎても。 유키스기테모) → ゆき(원형 行く-ゆく。 유
　　쿠。 가다-의 연용형)+すぎて(원형 過ぎる-すぎる。 스기루。 지나가
　　다. 지나치다-의 연용형)+も(조사. 도) 〈지나가도〉

私は(わたしは。 와타시와) → 私(나)+は(주격 조사. 는) 〈나는〉

忘れない(わすれない。 와스레나이) → 忘れ(원형 忘れる-わすれる。 와스
　　레루。 잊어 버리다-의 미연형)+ない(부정의 의미를 갖는 조동사) 〈잊
　　어버리지 않는다〉

約束(やくそく。 야크소크) → 〈약속〉

したから(시타카라) → した(원형 する-스르。 하다-의 과거형)+から(원
　　인·이유를 나타내는 격조사) 〈했기 때문에〉

つらくても(辛くても。 츠라쿠테모) → つらく(원형 辛い-つらい。 츠라
　　이。 괴롭다. 힘들다-의 연용형)+て(동사·형용사의 연용형에 붙는
　　접속 조사)+も(계조사. 도) 〈힘들어도〉

死には(しには。 시니와) → 死(원형 死ぬ-しぬ。 시누。 죽다-의 연용
　　형)+に (격조사)+は(주격 조사. 는) 〈죽지는〉

しないと(시나이토) → し(원형 する-스르。 하다-의 연용형)+ない(부정의
　　의미의 조동사)+と(앞의 문장을 받는 격조사. ~라고) 〈하지 않는다고〉

たつた(닷타) → 〈겨우. 단지〉

ひとつの(一つの。 히토츠노) → ひとつ(하나)+の(격조사. 의) 〈하나의〉

夢が(ゆめが。 유메가) → 夢(꿈)+が(주격 조사. 가) 〈꿈이〉

やぶれても(破れても。 야브레테모) → やぶれ(원형 破れる-やぶれる。 야
  브레루。 깨어지다. 부서지다. 지다)＋て(접속 조사)＋も(계조사. 도)
  〈깨어져도. 부서져도〉

砂に(すなに。 스나니) → 砂(모래)＋に(격조사. 에. 에게) 〈모래에게〉

淋しくても(さびしくても。 사비시쿠테모) → 淋しく(원형은 淋しい-さび
  しい。 사비시이。 외롭다. 쓸쓸하다. 직직하다-의 연용형)＋て(접속
  조사)＋も(격조사. 도) 〈외로워도〉

いとしい(愛しい。 이토시이) → 원형은 (사랑스럽다. 귀엽다)이나 이곳에서
  는 연용형으로 쓰임. 〈사랑스러운. 귀여운〉

面影(おもかげ。 오모카게) → 〈잔영. 모습〉

帰らなくても(かえらなくても。 가에라나쿠테모) → 帰ら(원형 帰る-かえ
  る。 가에루。 돌아가다-의 미연형)＋なく(부정형 ない의 연용형)＋て
  (접속 조사)＋も(격조사. 도) 〈돌아가지 않아도〉

空に(そらに。 소라니) → 空(하늘)＋に(격조사. 에. 에게) 〈하늘에〉

ひとりでも(一人でも。 히토리데모) → ひとり(혼자. 한 사람)＋でも(부조
  사. ~라도) 〈혼자라도〉

 해   설

  이 곡이 トワ・エ・モワ(토와에모와)에 의해 처음으로 레코드화 된 것은
1968년이나 그 때에는 越路 吹雪가 훨씬 전부터 무대에서 이 노래를 불러 와
이미 越路의 레파토리가 되어 있던 상태 였다고 합니다. 그로 인해 1971년 이
노래를 둘러싸고 越路와 トワ・エ・モワ가 경쟁을 벌여 화제가 되었다고 합니다.

10. 思い出の渚(주억 속의 해변)

오모이데노 나기사

ザ・ワイルドワンズ　鳥塚 繁樹 作詞
加瀬 邦彦 作曲

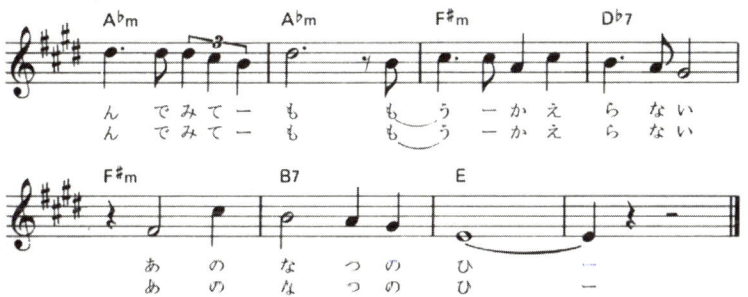

가   사

君を 見つけた	기미오 미츠케타
この 渚に	고노 나기사니
一人 たたずみ	히토리 다타즈미
思い 出す	오모이 다스
小麦色した	고무기이로시타
可愛い ほほ	가와이이 호호
忘れは しない	와스레와 시나이
いつまでも	이츠마데모
水面走る 白い 船	미나모하시루 시로이 후네
長い 黒髪	나가이 구로카미
風に なびかせ	가제니 나비카세
波に 向って	나미니 무켓테
叫んで みても	사켄데 미테모

もう 帰らない   모- 가에라나이

あの 夏の 日   아노 나츠노 히

長い まつげの   나가이 마츠게노

大きな 瞳が   오오키나 히토미가

僕を 見つめて   보크오 미츠메테

うるんでた   우룬데타

このまま 二人で   고노마마 후타리데

空の 果てまで   소라노 하테마테

飛んで 行きたい   톤데 이키타이

夜だった   요루닷타

波に 向かって   나미니 무캇테

叫んで みても   사켄데 미테모

もう 帰らない   모- 가에라나이

あの 夏の 日   아노 나츠노 히

번 역

그대와 만났던

이 해변에

홀로 서서

생각에 잠긴다

보리 색으로 물든

귀여운 뺨

잊지는 못하네
언제까지나
물 위를 가로지르는
하얀 배
긴 검은머리
바람에 날리면서
파도에 대고
외쳐보아도
이제는 돌아오지 않아
그 여름날

긴 속눈썹의
큰 눈동자가
나를 바라보고
글썽였다

이대로 둘이서
하늘 끝까지
날라 가고 싶던
밤 이였다
파도에 대고
외쳐보아도
이제는 돌아오지 않아
그 여름날

단어 · 어휘 · 문법

君を(きみを。 기미오) → 君(그대)＋を(목적격 조사. 를) 〈그대를〉

見つけた(みつけた。 미츠케타) → 원형 見つける(みつける。 미츠케루. 찾아내다. 발견하다.)의 과거형. 의역하여 〈만났던〉

この(고노) → 〈이〉

渚に(なぎさに。 나기사니) → なぎさ(물가. 해변가)＋に(격조사. 에. 에서) 〈해변에서〉

一人(ひとり。 히토리) → 〈혼자. 홀로〉

たたずみ(佇み。 다타즈미) → 원형 佇む(たたずむ。 다타즈무。 잠시 서있다)의 연용형. 〈서서〉

思い出す(おもいだす。 오모이다스) → (기억해 내다) 이곳에서는 의역하여 〈생각에 잠긴다〉라고 함.

小麦色した(こむぎいろした。 고무기이로시타) → 小麦(보리)＋色(색. 색깔)＋した (원형 する―스르。 하다―의 과거형) 의역하여 〈보리 색으로 물든〉

可愛い(かわいい。 가와이이) → 원형은 (귀엽다) 이 곳에서는 연체형으로 쓰임. 〈귀여운〉

ほほ(頬。 호호) → 〈뺨〉

忘れはしない(忘れはしない。 와스레와 시나이) → 忘れ(원형 忘れる―와스레루。 잊다―의 연용형)＋は(주격 조사. 는)＋し(원형 する―스르。 하다―의 연용형)＋ない(부정의 의미를 갖는 조동사) 〈잊지는 않겠다〉

いつまでも(이츠마데모) → 〈언제까지나〉

水面(すいめん。 스이멩。 노래에서는 「미나모」라고 발음하고 있음.) → 〈수면〉

走る(はしる。 하시루) → 원형은 (달리다). 이곳에서는 연체형으로 쓰임.
〈달리는〉

白い船(しろいふね。 시로이 후네) → 白い(하얀)＋船(배) 〈하얀 배〉

長い(ながい。 나가이) → 원형은 (길다). 이곳에서는 연용형으로 쓰임. 〈긴〉

黒髪(くろかみ。 구로카미) → 〈검은 머리〉

風に(かぜに。 가제니) → 風(바람)＋に(격조사. 에) 〈바람에〉

なびかせ(靡かせ。 나비카세) → 원형 靡かす(なびかす。 나비카스。 흩날
리다) 의 사역 연용형. 〈흩날리며〉

波に(なみに。 나미니) → 波(파도)＋に(격조사. 에. 에게) 〈파도에〉

向って(むけって。 무켓테) → 원형 向ける(むける。 무케루。 대다. 향하
다)의 연용형. 〈대고〉

叫んで(さけんで。 사켄데) → 원형 叫ぶ(さけぶ。 사케부。 소리치다. 외치
다)의 연용형. 〈외쳐〉

みても(見ても。 미테모) → みて(원형 見る－みる。 미루。 보다－의 연용
형)＋も (조사. 도) 〈보아도〉

もう(모-) → 〈이제는. 더 이상〉

帰らない(かえらない。 가에라나이) → 帰ら(원형 帰る－かえる。 가에루。
돌아가다－의 미연형)＋ない(부정의 의미를 내포하는 조동사) 〈돌아가
지 않는다〉

あの(아노) → 〈그〉

夏の日(なつのひ。 나츠노히) → 夏(여름)＋の(격조사. 의)＋日(날) 〈여름날〉

まつげの(睫の。 마츠게노) → まつげ(속눈썹)＋の(격조사. 이곳에서는 조격
조사로 쓰임. 이) 〈속눈썹이〉

大きな(おおきな。 오오키나) → 원형 大きい(おおきい。 오오키이。 크다)
의 연체형. 〈큰〉

瞳が(ひとみが。 히토미가) → 瞳(눈동자)＋が(주격 조사. 가)〈눈동자가〉

僕を(ぼくを。 보크오) → 僕(나. 남성어)＋を(목적격 조사. 를)〈나를〉

見つめて(みつめて。 미츠메테) → 원형 見つめる(みつめる。 미츠메루。
　　바라보다. 응시하다)의 연용형.〈바라보고〉

うるんでた(潤んでた。 우룬데타) → うるんで(원형 潤む－うるむ。 우루
　　무。 눈물 흘리다. 글썽이다－의 회화체 연용형)＋た(원래는 いたろ,
　　い가 생략. 과거형)〈글썽 거렸다〉

このまま(고노마마) →〈이대로〉

二人で(ふたりで。 후타리데) → 二人(둘)＋で(방법・수단을 나타내는 격조
　　사)〈둘이서〉

空の(そらの。 소라노) → 空(하늘)＋の(격조사. 의)〈하늘의〉

果まで(はてまで。 하테마데) → 果(끝)＋まで(범위를 나타내는 부조사. ～
　　까지)〈끝까지〉

飛んで(とんで。 톤데) → 원형 飛ぶ(とぶ。 토부。 날르다)의 연용형.〈날라〉

行きたい(いきたい。 이키타이) → 行き(원형 行く－いく。 이쿠。 가다－
　　의 연용형)＋たい(희망・바램을 나타내는 조동사)〈가고 싶다〉

夜だった(よるだった。 요루닷타) → 夜(밤)＋だった(과거 종지형. 이었었
　　다)〈밤이었었다〉

해　　설

　이 곡은 1969년도에 대 힛트를 한 곡이라고 하는데 구체적인 자료는 찾을
수가 없었습니다. 다음에 기회가 있으면 소개해 드리도록 하겠습니다.

11. 風(바람)

가제

はしだのりひことシューベルツ 歌　北山 修 作詞
端田 宣彦 作曲

가　사

人は 誰も	히토와 다레모
ただ 一人	다다 히토리
旅に 出て	다비니 데테
人は 誰も	히토와 다레모
ふるさとを	후루사토오
振りかえる	후리카에루
ちょっぴり	춋피리
さびしくて	사비시쿠테
振りかえっても	후리카엣테모
そこは ただ 風が	소코와 다다 가제가
吹いている だけ	후이테이루 다케
人は 誰も	히토와 다레모
人生に	진세-니
つまずいて	츠마즈이테
人は 誰も	히토와 다레모
夢 破れ	유메 야부레
振りかえる	후리카에루
プラタナスの	프라타나스노
枯葉 舞う	가레하 마우
冬の 道で	후유노 미치데
プラタナスの	프라타나스노
散る 音に	치루 오토니

振りかえる	후리카에루
帰って	가엣테
おいでよと	오이데요토
振りかえっても	후리카엣테모
そこには ただ	소코니와 다다
風が	사세가
吹いている だけ	후이테이루 다케
人は 誰も	히토와 다레모
恋を した	고이오 시타
切なさに	세츠나사니
人は 誰も	히토와 다레모
耐えきれず	다에키레즈
振りかえる	후리카에루
何かを もとめて	나니카오 모토메테
振りかえっても	후리카엣테모
そこには ただ	소코니와 다다
風が	가제가
吹いている だけ	후이테이루 다케
振りかえらず	후리카에라즈
ただ 一人	다다 히토리
一歩ずつ	잇포즈츠
振りかえらず	후리카에라즈
泣かないで	나카나이데
歩くんだ	아루쿤다

번 역

사람들은

누구나

홀로

여행을 떠나고

사람들은

누구나

고향을

뒤돌아본다

조금 외로워져서

뒤돌아 보아도

거기에는 오직 바람이

불고 있을 뿐

사람들은

누구나

인생에 좌절하고

사람들은

누구나

꿈이 깨져

뒤돌아 본다

프라타나스

낙엽 뒹구는

겨울 길에

프라타나스
떨어지는 소리에
뒤돌아 본다
돌아오라고
뒤돌아 보아도
거기에는 오직 바람이
불고 있을 뿐
사람들은
누구나
사랑의 애절함에
사람들은
누구나
견디지 못하고
뒤돌아 본다

무언가를 바라고
뒤돌아 보아도
거기에는 오직
바람이 불고 있을 뿐
돌아보지 않고
오직 혼자서
한발 한발
돌아보지 않고
울지 않고
걷는다

단어 · 어휘 · 문법

人は(ひとは。 히토와) → 人(사람. 사람들)＋は(주격 조사. 은) 〈사람들은〉

誰も(だれも。 다레모) → 誰(누구)＋も(조사. 라도) 〈누구라도. 누구나〉

ただ(다다) → 〈단지. 오직〉

一人(ひとり。 히토리) → 〈혼자〉

旅に(たびに。 다비니) → 旅(여행)＋に(격조사. 에. 을) 〈여행을〉

出て(でて。 데테) → 원형 出る(でる。 데루。 나가다. 외출하다. 출발하다)
　　의 연용형. 〈떠나고〉

ふるさとを(故郷を。 후루사토오) → 故郷(고향)＋を(목적격 조사. 을) 〈고
　　향을〉

振りかえる(ふりかえる。 후리카에루) → 〈뒤돌아 보다〉

ちょっぴり(춋피리) → 〈조금. 약간〉

さびしくて(寂しくて。 사비시쿠테) → 원형 寂しい(さびしい。 사비시이。
　　외롭다. 적적하다. 쓸쓸하다)의 연용형. 〈외로워서〉

振りかえっても(ふりかえっても。 후리카엣테모) → 振りかえって(원형 振
　　りかえる－ふりかえる。 후리카에루。 뒤돌아 보다－의 연용형)＋も(조
　　사. 도) 〈뒤돌아 보아도〉

そこには(소코니와) → そこ(그곳. 거기)＋に(격조사. 에)＋は(주격 조사.
　　는) 〈거기에는〉

風が(かぜが。 가제가) → 風(바람)＋が(주격 조사. 이) 〈바람이〉

吹いているだけ(ふいているだけ。 후이테이루다케) → 吹いて(원형 吹く－
　　ふく。 후쿠。 불다－의 연용형)＋いる(존재를 나타냄. 있다)＋だけ(한
　　정을 의미하는 부조사. 만. 뿐) 〈불고 있을 뿐〉

人生に(じんせいに。 진세-니) → 人生(인생)＋に(격조사. 에) 〈삶에. 인생에〉

つまずいて(躓いて。 츠마즈이테) → 원형 躓く(つまずく。 츠마즈크。 넘어지다.) 이곳에서는 의역함 〈좌절하여〉

夢(ゆめ。 유메) → 〈꿈〉

破れ(やぶれ。 야부레) → 원형 破れる(やぶれる。 야부레루。 부서지다. 깨어지다)의 연용형. 〈깨져〉

プラタナスの(ぷらたなすの。 프라타나스노) → プラタナス(프라타나스)+の(격조사. 의) 〈프라타나스의〉

枯葉(かれは。 가레하) → 〈마른 잎〉

舞う(まう。 마우) → 원형은 (공중에 떠다니다. 춤추다)이나, 이곳에서는 연용형으로 쓰임. 의역하여 〈뒹구는〉

冬の(ふゆの。 후유노) → 冬(겨울)+の(격조사. 의) 〈겨울의〉

道で(みちで。 미치데) → 道(길)+で(장소를 나타내는 격조사. 에서) 〈길에서〉

散る音に(ちるおとに。 치루오토니) → 散る(떨어지는)+音(소리)+に(격조사. 에) 〈떨어지는 소리에〉

帰っておいでよと(かえっておいでよと。 가엣테오이데요토) → かえって(원형 帰る—かえる。 가에루。 돌아오다—의 연용형)+おいで(가요. 오세요. 있어요, 의 의미로 친한 사이에 쓰는 표현)+よ(종조사)+と(격조사. ~라고) 〈돌아와요 라고〉

恋を(こいを。 고이오) → 恋(사랑)+を(목적격 조사.을) 〈사랑을〉

した(시타) → 원형 する(스르。 하다)의 과거 연용형. 〈~한〉

切なさに(せつなさに。 세츠나사니) → 切なさ(切ない—せつない。 세츠나이。 슬프고 외롭고, 괴로워서 어떻게 할 수 없는 상태—의 명사형)+に(격조사. 에) 〈애절함에〉

耐えきれず(たえきれず。 다에키레즈) → 耐え(원형 耐える—たえる。 다에루。 인내 하다. 참다. 견디다—의 연용형)+きれ(원형 切れる—きれる。 끊어지

　　　다-의미연형)+ず(부정의 의미를 나타내는 조동사) 〈참지 못하고〉

何かを(なにかを。 나니카오) → 何か(무언가)+を(목적격 조사. 를) 〈무언가를〉

もとめて(求めて。 모토메테) → 원형 求める(もとめる。 모토메루。 추구
　　　하다. 원하다)의 연용형. 〈바라고〉

振りかえっても(ふりかえっても。 후이카엣테모) → 振りかえって(원형 振
　　　りかえる-ふりかえる。 후리카에루。 뒤돌아보다-의 연용형)+も(조
　　　사. 도) 〈뒤돌아보아도〉

振りかえらずに(ふりかえらずに。 후리카에라즈니) → 振りかえら(원형 振
　　　りかえる-ふりかえる。 후리카에루。 뒤돌아보다-의 미연형)+ず(부정
　　　의 뜻을 내포하는 조동사)+に(격조사) 〈뒤돌아보지 않고〉

一歩ずつ(いっぽずつ。 잇포즈츠) → 一歩(한 발)+ずつ(씩) 〈한 발 한 발〉

泣かないで(なかないで。 나카나이데) → 泣か(원형 泣く-なく。 나쿠。
　　　울다-의미연형)+ない(부정의 의미를 내포하는 조동사)+で(접속 조사)
　　　〈울지 않고〉

歩くんだ(あるくんだ。 아루쿤다) → 歩く(あるく。 아루쿠。 걷다)+んだ
　　　(확인의 의미를 나타내는 조동사) 〈걷는거다〉

🔍 해　　설

　　1961년 발표된 이 곡은 젊은이들 사이에 선풍적 인기를 일으켰습니다. 특
히 가사가 신변의 생활상을 표현하는 것이 일반적이 된 이 시절, 인생에 좌절
하고 꿈이 깨졌다고 생각될 때 부르는 노래로서 많은 사람들에게 애창된 곡
입니다.

12. 恋人よ (내 사랑이여)

고이비토요

五輪 真弓 歌　　五輪 真弓 作詞・作曲

かれはちる ー ゆう ぐれは ー

くるひの さむさを も のがたーりー

あめにこわ れた ベン ーチには あいを

ささやく ー うたも ない ー ー こい

びとよ ー ー そば にいて ー こごえ

る わたしの そばに いてよ ー そしてひ

とこと ー このわか ーればなーしが ー じょう

だん だーよと わらって ほしい ー ー

가　사

枯葉 ちる	가레하 치르
夕暮は	유우 쿠레와
来る日の	구르히노
寒さを ものがたり	사므사오 모노가타리
雨に 壊れた	아메니 고와레타
べんちには	벤치니와
愛を	아이오
ささやく	사사야크
歌も ない	우타모 나이
恋人よ	고이비토요
そばに いて	소바니 이테
こごえる 私の	고고에르 와타시노
そばに いてよ	소바니 이테요
そして	소시테
ひとこと	히토코토
この 別ればなしが	고노 와카레바나시가
冗談だよと	죠ー당다요토
笑って ほしい	와랏테 호시이
砂利道を	쟈리미치오
駆け足で	카케아시데
マラソン 人が	마라손 히토가
行き 過ぎる	유키스기르

まるで 忘却	마르데 보오갸크
のぞむ ように	노조므 요우니
止る 私を	토마르 와타시오
さそって いる	사솟테 이르
恋人よ	고이비토요
さようなら	사요우나라
季節は めぐって	기세츠와 메굿테
来るれど	구르케도
あの日の 二人	아노히노 후타리
宵の 流れ 星	요이노 나가레 보시
光っては 消える	히캇테와 키에르
無情の 夢よ	무죠오노 유메요
恋人よ	고이비토요
そばに いて	소바니 이테
こごえる 私の	고고에르 와타시노
そばに いてよ	소바니 이테요
そして ひとこと	소시테 히토코토
この 別れ話が	고노 와카레바나시가
冗談だよと	죠ー당다요토
笑って ほしい	와랏테 호시이

번 역

마른 잎 떨어지는
저녁 무렵에는
앞으로 올
추위를 이야기하고
비로 망가진
벤치에는
사랑을 속삭이는
노래도 없네
내 사랑이여
내 곁에 있어요
얼어붙은 나의
곁에 있어요
그리고 단 한마디
이 헤어지자는 말이
농담이었다고
웃어주세요

자갈길을
달리는 걸음으로
마라토너가 지나가네
마치 망각을
바라듯이
멈추고 있는 나를

부추기고 있다

내 사랑이여

잘 가요

계절은 돌고 돌아

오지만

그 날의 두 사람

한 밤의 유성

빛나고는 사라지는

무상한 꿈이여

내 사랑이여

내 곁에 있어요

얼어붙은 나의

곁에 있어요

그리고 한 마디

이 헤어지자는 말이

농담이었다고

웃어주세요

단어 · 어휘 · 문법

枯葉ちる(かれは散る。 사레하 치르) → 枯葉(마른 잎)＋ちる(散る。 치르。
　　떨어지다)〈마른 잎 떨어지는〉

夕暮は(ゆうくれは。 유우쿠레와) → 夕暮(해질 무렵. 저녁 무렵)＋は(계조

　　사. 에는) 〈저녁 무렵에는〉

来る日の (くるひの。 구르히노) → 来る日(앞 날)＋の(격조사. 의) 의역하여
　　〈앞으로. 올〉

寒さを (さむを。 사무사오) → 寒さ(추위)＋を(목적격 조사. 를) 〈추위를〉

ものがたり (物語り。 모오가타리) → 物語る(ものがたる。 모노가타루。 이
　　야기하다)의 연용형. 〈이야기하고〉

雨に (あめに。 아메니) → 雨(비)＋に(격조사. 에. 로) 〈비로〉

こわれた (壊れた。 고와레타) → 원형 壊れる(こわれる。 고와레르。 부서
　　지다. 망가지다)의 연용형. 〈부서진 망가진〉

ベンチには (べんちには。 벤치니와) → ベンチ(벤치)＋に(격조사. 에)＋は
　　(계조사. 는) 〈벤치에는〉

愛を (あいを。 아이오) → 愛(사랑)＋を(목적격 조사. 을) 〈사랑을〉

ささやく (囁く。 사사야크) → 〈속삭이는〉

歌も (うたも。 우타모) → 歌(노래)＋も(계조사. 도) 〈노래도〉

ない (無い。 나이) → 〈없다〉

恋人よ (こいびとよ。 고이비토요) → 恋人(애인)＋よ(문뒤에 붙는 종조사.
　　～이여) 의역하여 〈내 사랑이여〉

そばに (側に。 소바니) → 側(옆)＋に(격조사. 에) 〈옆에〉

いて (이테) → いてください(이테 구다사이。 있어 주십시요)의 허물없는 사
　　이에 쓰여지는 표현. 〈있어줘. 있어〉

こごえる (凍える。 고고에르) → 〈얼어 붙은〉

私の (わたしの。 와타시노) → 私(나)＋の(격조사. 의) 〈나의〉

そして (소시테) → 〈그리고〉

ひとこと (一言。 히토코토) → 〈한 마디〉

この (고노) → 〈이〉

別れ話が (わかればなしが。 와카레 바나시가) → 別れ話(헤어지자는 말)＋

が(주격 조사. 이) 〈헤어지자는 말이〉

冗談だよと (じょうだんだよと。 죠-당다요토) → 冗談(농담)＋だ(조동
　사)＋よ(문장 뒤에 오는 종조사)＋と(～라고) 〈농담이라고〉

笑ってほしい (わらってほしい。 와랏테 호시이) → 笑って(원형 笑う－わら
　う。 와라우。 웃다-의 연용형)＋ほしい(～해 주었으면 좋겠다) 의역하
　여 〈웃이 주세요〉

砂利道を (じゃりみちを。 쟈리미치오) → 砂利道(자갈길)＋を(목적격 조사.
　을) 〈자갈길을〉

駆け足で (かけあしで。 가케아시데) → 駆け足(뛰는 걸음. 달리는 걸음)＋で
　(수단・방법을 나타내는 격조사. ～로) 〈달리는 걸음으로〉

マラソン人が (まらそんひとが。 마라손 히토가) → マラソン人(마라톤너)
　＋が(계조사. 가) 〈마라톤너가〉

行き過ぎる (ゆきすぎる。 유키스기르) → 〈지나가다. 지나쳐 가다〉

まるで (마르데) → 〈마치〉

忘却 (ぼうきゃく。 보오캬크) → 〈망각〉

のぞむように (望むように。 노조무 요우니) → のぞむ(望む。 노조무。 원
　하다. 바라다)＋よう(～처럼. ～것 같이)＋に(격조사) 〈바라듯이〉

止る (とまる。 토마르) → 〈멈추다. 멈쳐 있는〉

さそっている (誘っている。 사솟테이르) → さそって(원형 誘う－さそう。
　사소우。 꼬시다. 유혹하다-의 연용형)＋いる(있다) 〈유혹하고 있네〉

さようなら (사요-나라) → 〈안녕〉

季節は (きせつは。 기세츠와) → 季節(계절)＋は(격조사. 은) 〈계절은〉

めぐって (廻って。 메굿테) → 원형 めぐる(廻る。 메그르。 차례 차례로 돌
　다-의 연용형) 〈돌아〉

くるけど(来るけど。 구르케도) → くる(来る。 그르。 오다)+けど(〜지만)
〈오지만〉

あの日の(あのひの。 아노히노) → あの(저)+日(날)+の(격조사. 의) 〈저
날의. 그날의〉

二人(ふたり。 후타리) → 〈두 사람〉

宵の(よいの。 요이노) → 宵(밤)+の(격조사. 의) 〈밤의〉

流れ星(ながれぼし。 나가레 보시) → 〈유성〉

光っては(ひかっては。 히캇테와) → 光って(원형 光る-ひかる。 히카르。
빛나다-의 연용형. 빛나고)+は(격조사. 는) 〈빛나고는〉

消える(きえる。 키에르) → 〈사라지다. 사라지는〉

無情の(むじょうの。 무죠오노) → 無情(무정. 무상)+の(격조사. 의) 〈무상
의. 무상한〉

夢よ(ゆめよ。 유메요) → 夢(꿈)+よ(문뒤에 붙는 종조사) 〈꿈이여〉

해   설

1972년 〈少女(소녀)〉로 데뷔한 五輪 真弓가 처음으로 힛트 시킨 곡이 바
로 81년 발표 된 〈恋人よ(내 사랑이여)〉입니다. 십 년 가까운 무명 가수에서
일약 톱 스타로 자리바꿈을 하게 된 운명의 곡이라고 할 수 있겠습니다.

이 텍스트의 23번째로 소개하는 〈昴(스바르)〉와 함께 일본에서 Standard
Song으로 정착된 곡입니다.

13. 結婚しようよ (결혼합시다)

겟콩 시요-요

よしだたくろう 歌　　よしだたくろう 作詞・作曲

E♭

ぼ く の か　　み ー が ー　　　　　か た ま で

B♭7　　　　　　Cm　　　　　　　E♭

のびて ー　きみとお なじに ー　なっ たら ー　やくそく

E♭　　　　　　B♭7　　　　　　Cm

どおり ー　まちのきょ うかいで　けっこん しようよ　m-m

E♭　　　　　　　　　E♭　　　　　　B♭7

mn　　　ふるいギ ターを ー　ボロンと ならそう ー　しろいチャ
　　　　　　　がって ー　くものき れまに ー　おひさま

Cm　　　　　　　E♭

ベルが ー　みえ たら ー　なかまを よんで ー　はなをも
さんが ー　みえ たら ー　ひざっこ ぞうを ー　たたいて

B♭7　　　　　　Cm　　　　　　E♭

らおう ー　けっこん しようよ　mn ── mn　もうすぐ
みるよ ー　けっこん しようよ　mn ── mn　ふたりで

Cm　　　　　　E♭　　　　　　Cm

はるが ー　ペンキを かたに ー　おはなば たけの ー なかを ー さん
かった ー　みどりの シャツを ー　ぼくのお うちの ー ベランダ になら

가 사

僕の 髪が	보크노 가미가
肩まで のびて	가타마데 노비테
君と	기미토
同じに なったら	오나지니 낫타라
約束 どおり	야크소크 도오리
町の 教会で	마치노 쿄오카이데
結婚しようよ mmm	겟콩시요-요 음음음

古い ギターを	후루이 기타오
ポロンと 鳴らそう	포롱토 나라소-
白い チャベルが	시로이 챠베르가
見えたら	미에타라
仲間を 呼んで	나카마오 욘데
花を もらおう	하나오 모라오-
結婚しようよ mmm	겟콩시요-요 음음음
もうすぐ 春が	모-스그 하루가
ペンキを 肩に	펭키오 가타니
お花畑の 中を	오하나 바타케노 나카오
散歩に くるよ	산포니 구르요
そしたら 君は	소시타라 기미와
窓を あけて	마도오 아케테
エクボを 見せる	에쿠보오 미세루
僕の ために	보쿠노 다메니
僕は 君を	보크와 기미오
さらいに くるよ	사라이니 구르요
結婚しようよ mmm	겟콩쇼-요 음음음
雨が 上がって	아메가 아갓테
雲の きれ間に	구모노 기레마니
お日様さんが	오히사마상가
見えたら	미에타라
ひざっこぞうを	히잣코죠-오
たたいて みるよ	다타이테 미루요

結婚しよう mmm　　　　　겟콩시요-요 음음음

二人で 買った　　　　　후타리데 갓타
緑の シャツを　　　　　미도리노 샤츠오
僕の おうちの　　　　　보크오 오우치노
ベランダに　　　　　　　베란다니
ならべて 干そう　　　　나라베테 호소오
結婚しようよ　　　　　겟콩시요-요
僕の 髪は　　　　　　　보크노 가미와
もうすぐ 肩まで　　　　모-스그 가타마데
とどくよ　　　　　　　토도크요

번역

내 머리가
어깨까지 자라서
그대의 머리와
같아지면
약속대로
결혼합시다 음음음

헌 기타를
팅하고 울리자
하얀 교회가

보이면
친구들을 불러서
꽃을 받아요
결혼합시다 음음음

이제 금방 봄이
페인트를 어깨에 매고
꽃 밭 속을
산책하러 와요
그러면 그대는
창문을 열고
보조개를 보인다
나를 위하여
나는 그대를
마중 올꺼요
결혼합시다 음음음

비가 개어
구름 사이로
햇님이 보이면
무릎을
울려봐요
결혼합시다 음음음

둘이 함께 산
녹색 샤츠를

우리 집

베란다에

사이좋게 걸어 말려요

결혼합시다

내 머리는

이제 금방 어깨까지

길어져요

단어 · 어휘 · 문법

僕の(ぼくの。 보크노) → 僕(나. 남성어)＋の(격조사. 의) 〈내. 나의〉

髪が(かみが。 가미가) → 髪(머리카락)＋が(주격 조사. 이) 〈머리카락이〉

肩まで(かたまで。 가타마데) → 肩(어깨)＋まで(범위를 제한하는 부조사)
　　〈어깨까지〉

のびて(伸びて。 노비테) → 원형 伸る(のびる。 노비루。 길게 자라다)의
　　연용형. 〈자라서〉

君と(きみと。 기미토) → 君(그대)＋と(병렬형 격조사. 와) 〈그대와〉

同じ(おなじ。 오나지) → 원형은 同じ(おなじ。 오나지。 같다). 이곳에서
　　는 연용형으로 쓰임. 〈같게〉

～になったら(～니 낫타라) → に(격조사)＋なったら(원형 なる－나루。 되
　　다－의 가정형) 〈～게 된다면〉

約束どおり(やくそくどおり。 야쿠소크 도오리) → 約束(약속)＋どおり(～
　　대로) 〈약속대로〉

町の(まちの。 마치노) → 町(시내. 읍내)＋の(격조사. 의) 〈시내의. 읍내의〉

教会で (きょうかいで。 쿄오카이데) → 教会(교회) + で(장소를 의미하는 격
　　조사) 〈교회에서〉

結婚 (けっこん。 겟콩) → 〈결혼〉

しようよ (시요-요) → しよう(원형 する-스르。 하다-의 권유형. 합시다.
　　해요) + よ(종조사) 〈합시다〉

古い (ふるい。 후루이) → 원형은 (오래되다). 이곳에서는 연체형으로 쓰임. 〈헌〉

ギターを (ぎたーを。 기타오) → ギター(기타) + を(목적격 조사.를) 〈기타를〉

ポロンと (ぽろんと。 포롱토) → ポロン(의성어. 팅) + と(격조사. ～이라고)
　　〈팅하고〉

鳴らそう (ならそう。 나라소-) → 원형 鳴る(なる。 나루。 소리나다)의 권
　　유형. 〈소리내자〉

白い (しろい。 시로이) → 원형은 (하얗다). 이곳에서는 연체형으로 쓰임.
　　〈하얀〉

チャベルが (ちゃべるが。 챠베르가) → チャベル(교회) + が(주격 조사. 가)
　　〈교회가〉

見えたら (みえたら。 미에타라) → 원형 見える(みえる。 미에루。 보이다)
　　의 가정형. 〈보이면. 보인다면〉

仲間を (なかのを。 나카마오) → 仲間(친구) + を(목적격 조사. 를) 〈친구를〉

呼んで (よんで。 욘데) → 원형 呼ぶ(よぶ。 요부。 부르다)의 연용형. 〈불러서〉

花を (はなを。 하나오) → 花(꽃) + を(목적격 조사. 을) 〈꽃을〉

もらおう (모라오-) → 원형 もらう(모라우。 받다)의 권유형. 〈받자〉

もう (모-) → 〈이미. 벌써〉

すぐ (스구) → 〈금방〉

春が (はるが。 하루가) → 春(봄) + が(주격 조사. 이) 〈봄이〉

ペンキを (ぺんきを。 펭키오) → ペンキ(페인트) + を(목적격 조사. 를) 〈페

인트를〉

お花畑の(おはなばたけの。 오하나바타케노) → お(미화접두어)＋花畑(꽃
　　밭)＋の(격조사. 의) 〈꽃밭의〉

中を(なかを。 나카오) → 中(속)＋を(목적격 조사. 을) 〈속을〉

散歩に(さんぽに。 산포니) → 散歩(산책)＋に(격조사. 하러) 〈산책하러〉

くるよ(来るよ。 구르요) → 来る(오다)＋よ(종조사) 〈와요〉

そしたら(소시타라) → 〈그러면〉

窓を(まどを。 마도오) → 窓(창)＋を(목적격 조사. 을) 〈창을〉

あけて(開けて。 아케테) → 원형 開ける(あける。 아케루。 열다)의 연용
　　형. 〈열고〉

エクボを(えくぼを。 에쿠보오) → エクボ(보조개. 볼우물)＋を(목적격 조
　　사. 를) 〈보조개를〉

見せる(みせる。 미세루) → 〈보이다. 보인다〉

ために(為に。 다메니) → 〈위하여. 위해서〉

さらいに(拐いに。 사라이니) → さらい(유괴하다. 뺏다)＋に(격조사) (유괴
　　하러. 뺏으러) 의역하여 〈마중하러〉

雨が(あめが。 아메가) → 雨(비)＋が(주격 조사. 가) 〈비가〉

上がって(あがって。 아갓테) → 원형 上がる(あがる。 아가루。 개다)의 연
　　용형. 〈개고. 개서〉

雲の(くもの。 구모노) → 雲(구름)＋の(격조사. 의) 〈구름의〉

きれ間に(きれまに。 기레마니) → きれ間(사이)＋に(격조사) 〈사이로〉

お日様さんが(おひさまさんが。 오히사마상가) → お(미화접두어)＋日(태
　　양. 해)＋様(존경어)＋さん(존경어)＋が(주격 조사. 이) 〈햇님이〉

ひざっこぞうを(膝っ小僧を。 히잣코죠-오) → ひざっこぞう(보통 ひざ라고
　　함. 무릎)＋を(목적격 조사. 을) 〈무릎을〉

たたいてみるよ(叩いて見るよ。다타이테 미루요) → たたいて(원형 叩く－
    たたく。다타크。때리다－의 연용형. 때려)＋みる(보다)＋よ(종조사)
    의역하여 〈울려봐요〉

二人で(ふたりで。후타리데) → 〈둘이서〉

買った(かった。삿나) → 원형 買う(かう。가우。사다)의 과거형.〈산〉

緑の(みどりの。미도리노) → 緑(녹색)＋の(격조사. 의) 〈녹색의〉

シャツを(しゃつを。샤츠오) → シャツ(샤츠)＋を(목적격 조사.를) 〈샤츠를〉

おうちの(お家の。오우치노) → お(미화접두어)＋うち(집)＋の(격조사. 의)
    〈집에〉

ベランダに(べらんだに。베란다니) → ベランダ(베란다)＋に(격조사. 에)
    〈베란다에〉

ならべて(並べて。나라베테) → 원형 並べる(ならべる。나라베루。나란
    히 정렬 시키다)의 연용형. 의역하여 〈사이좋게 걸어〉

干そう(ほそう。호소오) → 원형 干す(ほす。호스。말리다)의 권유형.〈말려요〉

とどくよ(届くよ。토도크요) → とどく(닿다. 미치다)＋よ(종조사) 의역하
    여 〈길어져요〉

해 설

이 노래는 약혼자에게 혹은 결혼식의 피로연에서 가장 많이 불리고 있는
곡으로 유명합니다.

특히 가수이며 작사 작곡도 하는 吉田는 포크송을 일반화시킨 수퍼스타라
고 합니다. 일본 가요계 사상 큰 위치에 있는 존재라고 할 수 있겠습니다.

14. 春一番

하루 이치방

(봄이 되면 제일 먼저)

キャンディーズ 歌　　穂口 雄右 作詞・作曲

ねえー　こいを　してみませんか　ー

가　사

雪が とけて	유키가 토케테
川に なって	가와니 낫테
流れて 行きます	나가레테 이키마스
つくしの 子が	츠쿠시노 코가
恥かしげに	하즈카시케니
顔を	가오오
出します	다시마스
もう すぐ	모-스그
春ですね	하루데스네
ちょっと	춋토
気取って	기돗테
みませんか	미마셍카
風が 吹いて	가제가 후이테
暖かさを	아타타카사오
運んで 来ました	하콘데 기마시타
どこかの 子が	도코카노 코가
隣の 子を	도나리노 코오

迎えに 来ました	무카에니 기마시타
もう すぐ	모-스그
春ですね	하루데스네
彼を	가레오
誘って	사솟테
みませんか	미마셍카
泣いて ばかり	나이테 바카리
いたって	잇탓테
幸福は	시아와세와
来ないから	고나이카라
重い コート	오모이 코-토오
脱いで	누이테
出かけませんか	데카케마셍카
もう すぐ	모-스그
春ですね	하루데스네
恋を して	고이오 시테
みませんか	미마셍카
日 だまりには	히 다마리니와
雀達が	스즈메다치가
樂しそうです	다노시소우데스
雪を はねて	유키오 하네테
猫柳が	네코야나기가
顔を 出します	가오오 다시마스
もうすぐ 春ですね	모-스그 하루데스네
ちょっと	촛토

気取って	기돗테
みませんか	미마셍카
おしゃれを して	오샤레오 시테
男の 子が	오토코노 코가
出 かけて	데 카케테
行きます	이키마스
水を けって	미즈오 켓테
カエルの 子が	가에루노 코가
泳いで	오요이데
行きます	이키마스
もう すぐ	모- 스그
春ですね	하루데스네
彼を	가레오
誘って	사솟테
みませんか	미마셍카
別れ話	와카레바나시
したのは	시타노와
去年の	쿄넹노
ことでしたね	고토데시타네
ひとつ	히토츠
大人に なって	오토나니 낫테
忘れませんか	와스레마셍카
もう すぐ	모- 스그
春ですね	하루데스네
恋を	고이오
して みませんか	시테 미마셍카

泣いて ばかり	나이테 바카리
して いたって	시테잇탓테
幸福は	시아와세와
来ないから	고나이카라
重い コート	오모이 코-토
脱いで	누이테
出かけませんか	데카케마셍카
もう すぐ	모-스그
春ですね	하루데스네
恋を	고이오
して みませんか	시테 미마셍카

번 역

눈이 녹아

강물이 되어서

흘러갑니다

츠크시의 새싹이

수줍은 듯

얼굴을

내 밀고 있습니다

이제 금방

봄이네요

조금

멋 내 보지
않겠습니까
바람이 불어
따사함을
몰고 왔습니다
어느 집 아인가
옆 집 친구를
데리러 왔습니다
이제 금방
봄이네요
그이를
유혹해 보지
않겠습니까
울고 만 있는다고
행복은
찾아오지 않아요

무거운 코트를
벗어버리고
나들이하지
않겠습니까
이제 금방
봄이네요
사랑을 해 보지
않겠습니까

양지에서는

참새들이

즐거워 보입니다

눈을 치받으며

갯버들이

얼굴을 내밀고

있습니다

이제 금방

봄이네요

조금

뽐내보지

않겠습니까

멋을 부리고

남자 아이가

나들이를 갑니다

물을 차고

개구리가

헤엄쳐 갑니다

이제 금방

봄이네요

그 이를

유혹해 보지

않겠습니까

이별 이야기를 한 것은

작년 일이었지요

조금 어른이 되어

잊어버리지

않겠습니까

이제 금방

봄이네요

사랑을 해보지

않겠습니까

울고 만 있는다고

행복은 찾아오지 않아요

무거운 코트를

벗어버리고

나들이하지

않겠습니까

이제 금방

봄이네요

사랑을 해 보지

않겠습니까

단어 · 어휘 · 문법

雪が(ゆきが。 유키가) → 雪(눈)＋が(주격 조사. 이) 〈눈이〉

とけて(解けて。 토케테) → 원형 とける(解ける。 토케루。 녹다)의 연용
형. 〈녹아서〉

川(かわ。 가와) → 〈강〉

〜になって(〜니낫테) → 〜になる(〜이 되다)의 연용형. 〈〜이 되어. 〜가 되어〉

流れて(ながれて。 나가레테) → 원형 流れる(ながれる。 나가레루。 흐르다)의 연용형 〈흘러〉

行きます(いきます。 이키마스) → 行き(원형 行く－いく。 이쿠。 가다－의 연용형)＋ます(존칭의 조동사) 〈갑니다〉

つくしの子が(つくしのこが。 츠크시노코가) → つくし(츠크시)＋の(격조사. 의)＋子(어린이. 새싹)＋が(주격 조사. 이) 〈츠크시의 새싹이〉

恥かしげに(はずかしげに。 하즈카시게니) → 恥かしげ(원형 恥かしい－はずかしい。 하즈카시이。 수줍다. 부끄럽다－의 형용 동사)＋に(격조사) 〈부끄러운듯〉

顔を(かおを。 가오오) → 顔(얼굴)＋を(목적격 조사.을) 〈얼굴을〉

出します(だします。 다시마스) → 出し(원형 出す－だす。 다스。 내밀다－의 연용형)＋ます(정중한 의미를 나타내는 조동사) 〈내밉니다〉

もう(모-) → 〈이미. 벌써. 금방〉

すぐ(直ぐ。 스그) → 〈금방. 곧〉

春ですね(はるですね。 하루데스네) → 春(봄)＋です(정중한 의미를 나타내는 조동사)＋ね(상대방에게 공감을 나타내는 종조사) 〈봄이네요〉

ちょっと(춋토) → 〈조금〉

気取って(きどって。 기돗테) → 원형 気取る(きどる。 기도루。 뽐내다. 으스대다. 멋부리다)의 연용형 〈멋내지〉

みませんか(見ませんか。 미마셍카) → み(원형 見る－みる。 미루。 보다－의 미연형)＋ませんか(정중한 의미의 의문 조동사) 〈보지 않겠습니까〉

風か(かぜが。 가제가) → 風(바람)＋が(주격 조사. 이) 〈바람이〉

吹いて(ふいて。 후이테) → 원형 吹く(ふく。 후크。 불다)의 연용형. 〈불어서〉

暖かさを(あたたかさを。 아타타카사오) → 暖かさ(따뜻함)＋を(목적격 조사. 을) 〈따뜻함을〉

運んで(はこんで。 하콘데) → 원형 運ぶ(はこぶ。 하코부。 날르다. 운반하다)의 연용형. 〈날라〉

来ました(きました。 기마시타) → 来(원형 来る-くる。 구루。 오다-의
  연용형)+ました(정중한 의미를 나타내는 조동사의 과거형) 〈왔습니다〉

どこかの子が(도코카노코가) → どこか(어딘가)+の(격조사. 의)+子(어린
  아이)+が(주격 조사. 가) 의역하여 〈어느 집 아인가〉

隣の子を(となりのこを。 도나리노코오) → 隣(옆)+の(격조사. 의)+子(어
  린이)+を(목석격 조사. 를) 〈옆집 아이를〉

迎えに(むかえに。 무카에니) → 迎え(영접. 마중)+に(격조사) 〈데리러〉

彼を(かれを。 가레오) → 彼(그. 그이)+を(목적격 조사. 를) 〈그를〉

誘って(さそって。 사솟테) → 원형 誘う(さそう。 사소우。 유혹하다. 꼬시
  다)의 연용형. 〈유혹해〉

泣いてばかり(ないてばかり。 나이테바카리) → 泣いて(원형 泣く-なく。
  나쿠。 울다-의 연용형)+ばかり(어떤 동작・상태가 그것에만 한정되어
  있는 것을 의미하는 부조사) 〈울고만〉

いたって(이탓테) → い(원형 いる-이루。 있다-의 연용형)+たって(역
  접・가정・조건을 구성하는 접속 조사) 〈있는다고〉

幸福は(こうふくは。 시아와세와) → 幸福(こうふく라고 쓰고 발음은 「고오후크」
  이지만, 이곳에서는 「시아와세」라고 읽음. 행복)+は(주격 조사. 은) 〈행복은〉

来ないから(こないから。 고나이카라) → 来(원형 来る-くる。 구루。 오
  다-의미연형)+ない(체언의 부정 사태를 나타내는 조동사)+から(원
  인。 이유를 나타내는 접속 조사) 〈오지 않으니까〉

重い(おもい。 오모이) → 원형은 (무겁다). 이곳에서는 연체형으로 쓰임.
  〈무거운〉

コート(こーと。 코-토) → 〈코트〉

脱いで(ぬいで。 누이데) → 원형 脱ぐ(ぬぐ。 누구。 벗다)의 연용형. 〈벗
  고. 벗어 버리고〉

出かけませんか(でかけませんか。 데카케마셍카) → 出かけ(원형 出かけ

る－でかける。 데카케루。 외출하다. 나들이 하다－의 연용형）＋ません
か（정중한 뜻을 내포하는 조동사의 의문형. ～지 않겠습니까?）〈나들이
하지 않겠습니까?〉

恋を（こいを。 고이오）→ 恋（사랑）＋を（목적격 조사. 을）〈사랑을〉

してみませんか（시테 미마셍카）→ して（원형 する－스르。 하다－의 연용
형）＋み（원형 みる－見る。 미루。 보다－의 미연형）＋ませんか（정중한
의미의 조동사 의문형）〈해보지 않겠습니까?〉

日だまりには（ひだまりには。 히다마리니와）→ 日だまり（양지）＋に（격조
사. 에. 에서）＋は（주격 조사. 는）〈양지에서는〉

雀達が（すずめだちが。 스즈메다치가）→ 雀（참새）＋達（복수를 나타냄.
들）＋が（주격 조사. 이）〈참새들이〉

樂しそうです（たのしそうです。 다노시소-데스）→ 樂し（원형 樂しい－다노
しい。 다노시이。 즐겁다. 유쾌하다－의 연용형）＋そうです（원형 そう
だ－소-다。 ～는 것 같다－의 정중한 표현）〈즐거운것 같습니다〉

はねて（跳ねて。 하네테）→ 원형 跳ねる（はねる。 하네루。 물 튀기다. 박
차다）의 연용형. 의역하여〈치받으며〉

猫柳が（ねこやなぎが。 네코야나기가）→ 猫柳（갯버들）＋が（주격 조사. 이）〈갯
버들이〉

おしゃれをして（오샤레오시테）→ おしゃれ（멋）＋を（목적격 조사. 을）＋し
て（원형 する－스르。 하다－의 연용형）〈멋을 내고〉

男の子が（おとこのこが。 오토코노코가）→ 男（남자）＋の（격조사. 의）＋子
（아이）＋が（주격 조사. 가）〈남자 아이가〉

水を（みずを。 미즈오）→ 水（물）＋を（목적격 조사. 을）〈물을〉

けって（蹴って。 켓테）→ 원형 蹴る（ける。 케루。 차다. 걷어차다）의 연
용형.〈걷어차고〉

カエル(かえる。 가에루) → 〈개구리〉

泳いで(およいで。 오요이데) → 원형 泳ぐ(およぐ。 오요구。 수영하다. 헤엄치다)의 연용형. 〈헤엄쳐〉

別れ話(わかればなし。 와카레바나시) → 〈이별 이야기〉

したのは(시타노와) → した(원형 する-스르。 하다-의 과거형)+の(격조사. 것)+は(주격 조사. 이은) 〈했딘것이〉

去年の(きょねんの。 쿄넹노) → 去年(작년)+の(격조사. 의) 〈작년의〉

事(こと。 고토) → 〈일. 사건〉

でしたね(데시타네) → でした(です의 과거형)+ね(동조를 구하는 종조사) 〈~었었지요〉

ひとつ(一つ。 히토츠) → 〈한번〉

大人(おとな。 오토나) → 〈어른. 성인〉

忘れませんか(わすれませんか。 와스레마셍카) → 忘れ(원형 忘れる-わすれる。 와스레루。 잊다. 잊어버리다-의 연용형)+ませんか(정중한 의미의 조동사 의문형) 〈잊지 않겠습니까?〉

🔍 해 설

이 곡은 작곡가 穂口(호구치)가 곡을 먼저 완성시킨 후 가사를 선정하기 위해 고심한 작품이라고 합니다. 결국 작곡가 스스로가 쓴 가사가 최종적으로 선정되어 〈春一番(봄이 되면 제일 먼저)〉가 되었다고 합니다.

穂口의 말로는 이 곡은 발표되었던 1977년 당시로는 상당히 빠른 템포여서 스타디오 뮤직션 조차도 혼동할 정도였다고 합니다. 말하자면 뉴 뮤직이었다고나 할까요?

15. 今日の日はさようなら

교오노히와 사요-나라

(오늘은 안녕)

森山 良子 歌   金子 詔一 作詞・作曲

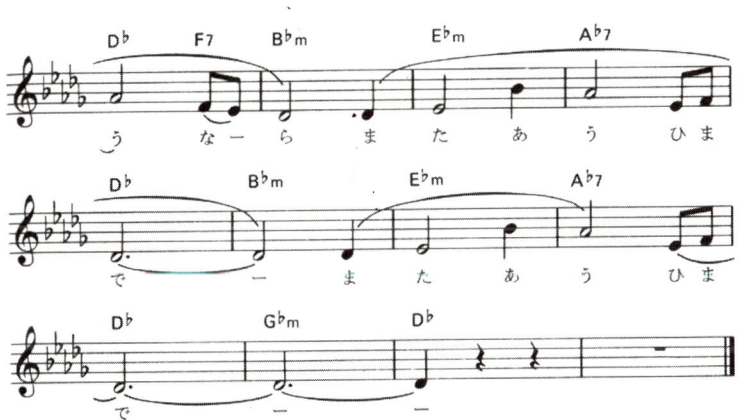

うーなーらーまたあうひま

でーーまたあうひま

でーーー

가　사

いつまでも	이츠마데모
絶えること なく	다에루코토 나쿠
友達で いよう	도모다치데 이요우
明日の 日を	아스노 히오
夢 みて	유메 미테
希望の 道を	기보노 미치오
空を 飛ぶ	소라오 토부
鳥の ように	토리노 요우니
自由に 生きる	지유-니 이키루
今日の 日は	교우노 히와
さようなら	사요-나라

また	마타
あう 日まで	아우 히마데
信じあう	신지아우
よろこびを	요로코비오
大切に しよう	다이세츠니 시요-
今日の 日は	교우노 히와
さようなら	사요-나라
また	마타
あう 日まで	아우 히마데
また	마타
あう 日まで	아우 히마데

번 역

언제까지나
끊임없이
친구로 있자
내일을
꿈꾸며
희망의 길을

하늘을 나르는
새처럼

자유롭게 산다

오늘은

안녕

또

만날 날까지

서로 믿는

기쁨을

소중히 하자

오늘은

안녕

또

만날 날까지

또

만날 날까지

단어 · 어휘 · 문법

いつまでも(이츠마데모) → 〈언제까지나〉

絶えることなく(たえることなく。 다에루코토나크) → 絶える(끊기다. 끊어
지다)＋こと(일. 것)＋なく(원형 ない－無い。 나이。 없다－의 연용형)
〈끊임없이〉

友達で(ともだちで。 도모다치데) → 友達(친구)＋で(자격을 나타내는 격조
사) 〈친구로〉

いよう(이요-) → 원형 いる(이루。 있다)의 권유형. 〈있자〉

明日の(あすの。 아스노) → 明日(내일)＋の(격조사. 의) 〈내일의〉

日を(ひを。 히오) → 日(날)＋を(목적격 조사. 을) 〈날을〉

夢みて(ゆめみて。 유메미테) → 원형 夢みる(ゆめみる。 유메미루。 꿈꾸
다. 상상하다)의 연용형. 〈꿈꾸며〉

希望の(きぼうの。 기보-노) → 希望(희망)＋の(격조사. 의) 〈희망의〉

道を(みちを。 미치오) → 道(길)＋を(목적격 조사. 을) 〈길을〉

空を(そらを。 소라오) → 空(하늘)＋を(목적격 조사. 을) 〈하늘을〉

飛ぶ(とぶ。 토부) → 원형은 (나르다). 이곳에서는 연체형으로 쓰임. 〈나
르는〉

鳥のように(とりのように。 토리노요-니) → 鳥(새)＋の(격조사)＋ように
(처럼) 〈새처럼〉

自由に(じゆうに。 지유-니) → 自由(자유)＋に(격조사) 〈자유롭게〉

生きる(いきる。 이키루) → 〈살다〉

今日の日は(きょうのひは。 교오-노히와) → 今日(오늘)＋の(격조사)＋日
(날)＋は(주격 조사) 〈오늘은〉

さようなら(사요-나라) → 〈안녕〉

また(又。 마타) → 〈또〉

あう(会う。 아우) → 원형은 (만나다). 이곳에서는 연체형으로 쓰임. 〈만날〉

日まで(ひまで。 히마데) → 日(날)＋まで(까지) 〈날까지〉

信じあう(しんじあう。 신지아우) → 원형은 (서로 믿다). 이곳에서는 연체
형으로 쓰임. 〈서로 믿는〉

よろこびを(喜びを。 요로코비오) → よろこび(기쁨)＋を(목적격 조사. 을)
〈기쁨을〉

大切に(たいせつに。 다이세츠니) → 〈소중하게〉

しよう(시요우) → 원형 する(스르。 하다)의 권유형. 〈하자〉

이 곡은 캠프 송으로서 널리 알려진 곡입니다. 캠프가 끝나는 날 밤 모닥불을 둘러싸고 모두가 모여 앉아 즐거웠던 시간에 아쉬운 석별을 고하는 노래로서 불리어 지고 있습니다.

16. 希望(희망)

기보-

岸 洋子 歌　藤田 敏雄 作詞

いずみたく　作曲

きぼうというなの　あなたをたずねて
とおいくにへと　またきしゃにのる
あなたはむかし　の　わたしのおもいで
ふるさとの　ゆめ　はじめての　こい　けれ
どーわたしが　おとな　になったひに
だまって　どこかへ　たちさった　あなた
いつかあなたに　またあうまでーは
わたしのたび　は　おわりのない　たび

가 사

希望という	기보-토이우
名の	나노
あなたを	아나타오
たずねて	다즈네테
遠い 国へと	토오이 쿠니에토
また	마타
汽車に のる	기샤니 노루
あなたは 昔の	아나타와 무카시노
わたしの	와타시노
思い出	오모이데
ふるさとの 夢	후루사토노 유메
はじめての 恋	하지메테노 고이
けれど	케레도
わたしが	와타시가
大人に なった	오토나니 낫타
日に	히니
黙って どこかへ	다맛테 도코카에
立ち去った	다치삿타
あなた	아나타
いつか あなたに	이츠카 아나타니
また	마타
逢うまでは	아우마데와
わたしの 旅は	와타시노 다비와

終りの ない 旅	오와리노 나이 다비
希望と いう	기보-토이우
名の	나노
あなたを	아나타오
たずねて	다즈네테
今日も あてなく	교-우모 아테나쿠
また	마타
汽車に のる	기샤니 노루
あれから わたしは	아레카라 와타시와
ただ	다다
一人きり	히토리키리
明日は	아스와
どんな 町に	돈나 마치니
着くやら	츠크야라
あなたの うわさも	아나타노 우와사모
時 折り	도키 오리
聞くけど	기쿠케도
見知らぬ 誰かに	미시라누 다레카니
すれちがう だけ	스레치가우 다케
いつも	이츠모
あなたの 名を	아나타노 나오
呼びながら	요비나가라
わたしの	와타시노
旅は	다비와
返事の ない	헹지노 나이

旅	다비
希望という 名の	기보-토이우 나노
あなたを	아나타오
たずねて	다즈네테
寒い 夜ふけに	시무이 요후케니
また	마타
汽車に のる	기샤니 노루
となりの 席に	도나리노 세키니
あなたさえ	아나타사에
いれば	이레바
悲しみ だけが	가나시미 다케가
待って いようと	맛테 이요우토
この世の 終りが	고노요노 오와리가
もし	모시
こようとも	고요우토모
地の はてまでもと	치노 하테마데모토
約束 するのに	야크소크 스르노니
だのに	다노니
あなたは	아나타와
どこにも いない	도코니모 이나이
わたしの	와타시노
旅は	다비와
笑顔のない	에가오노 나이
旅	다비

希望という 名の	기보-토이우 나노
あなたを	아나타오
たずねて	다즈네테
涙 ぐみつつ	나미다 구미츠츠
また	마타
汽車に のる	기샤니 노루
なぜ 今	나제 이마
わたしは	와타시와
生きて いるのか	이키테 이루노카
その時	소노토키
歌が	우타가
ひくく 聞こえる	히쿠쿠 기코에루
なつかしい 歌が	나츠카시이 우타가
あなたの	아나타노
あの 歌	아노 우타
希望という 名の	기보-토이우 나노
マーチが ひびく	마-치가 히비쿠
そうさ あなたに	소우사 아나타니
また	마타
あう ために	아우 다메니
わたしの	와타시노
旅は	다비와
今 また	이마 마타
はじまる	하지마루

번 역

희망이라고 하는 이름의

그대를 찾아서

먼 나라로

또 기차를 탄다

당신은 그 옛날의

나의 추억

고향의 꿈

첫 사랑

하지만 내가

어른이 된 날

아무 말 없이 어딘가에

가버린 그대

다시 만날 때까지

나의 여행은

끝없는 여행

희망이라고 하는 이름의

그대를 찾아서

오늘도 정처 없이

또 기차를 탄다

그때부터 나는

오직 외톨이

내일은 어떤

마을에 도착할는지
그대의 풍문도
때때로 들려오지만
모르는 누군가와
스쳐 지나칠 뿐
언제나 그대의
이름을 부르며
나의 여행은
대답 없는 여행

희망이라고 하는 이름의
그대를 찾아서
추운 날 깊은 밤
또 기차를 탄다
옆자리에
그대만 있다면
슬픔만이
기다린다고 하여도
이 세상의 종말이
만일 온다고 하여도
지구 끝까지라도 라고
약속할 수 있을 텐데
그러나 그대는
그 어디도 없네
나의 여행은
웃음 없는 여행

희망이라고 하는 이름의

그대를 찾아서

눈물을 머금으며

또 기차를 탄다

왜 지금 나는

살아 있는 걸까

그 때 노래가

조그맣게 들려온다

그리운 노래가

그대의 그 노래

희망이라고 하는 이름의

선율이 퍼진다

그렇다 그대를

다시 만나기 위하여

나의 여행은

지금 다시 시작된다

단어 · 어휘 · 문법

希望という(きぼという。 기보-토이우) → 希望(희망)＋という(라고 하는)
　　〈희망이라고 하는〉

名の(なの。 나노) → 名(이름)＋の(격조사. 의) 〈이름의〉

あなたを(貴方を。 아나타오) → あなた(그대. 당신)＋を(목적격 조사. 를)
　　〈그대를〉

たずねて(訪ねて。 다즈네테) → 원형 訪ねる(たずねる。 다즈네루。 찾다. 방문하다)의 연용형. 〈찾아서〉

遠い国へと(とおいくにへと。 토오이 쿠니에토) → 遠い(먼)＋国(나라)＋へ(방향을 나타내는 격조사)＋と(종조사) 〈먼 나라에〉

また(又。 마타) → 〈또〉

汽車(きしゃ。 기샤) → 〈기차〉

～にのる(～に乗る。 ～니 노루) → に(격조사)＋のる(타다) 〈～를 타다〉

昔の(むかしの。 무카시노) → 昔(옛날)＋の(격조사. 의) 〈옛날의〉

わたしの(私の。 와타시노) → 私(나)＋の(격조사. 의) 〈나의〉

思い出(おもいで。 오모이데) → 〈추억〉

ふるさとの(故郷の。 후루사토노) → ふるさと(고향)＋の(격조사. 의) 〈고향의〉

夢(ゆめ。 유메) → 〈꿈〉

はじめての(初めての。 하지메테노) → はじめて(처음)＋の(격조사. 의) 〈처음의〉

恋(こい。 고이) → 〈사랑〉

けれど(케레도) → 〈하지만. 그러나〉

大人(おとな。 오토나) → 〈어른〉

～になった(～니 낫타) → に(격조사)＋なった(원형 なる－나루。 되다－의 과거 연체형) 〈～가 된〉

日に(ひに。 히니) → 日(날)＋に(격조사. 에) 〈날에〉

黙って(だまって。 다맛테) → 원형 黙る(だまる。 다마루。 입 다물다. 묵묵히 있다)의 연용형. 〈아무말 없이〉

どこかへ(何処かへ。 도코카에) → どこか(어딘가)＋へ(방향을 나타내는 격조사) 〈어딘가에〉

立ち去った(たちさった。 다치삿타) → 원형 立ち去る(たちさる。 사라지

다)의 과거 연체형. 〈사라져 버린〉

いつか(이츠카) → 〈언젠가〉

逢うまでは(あうまでは。 아우마데와) → 逢う(만나다)+まで(체언의 동작, 시간을 한정하는 부조사)+は(조사) 〈만날때 까지는〉

旅(たび。 다비) → 〈여행〉

終りの(おわりの。 오와리노) → 終り(끝)+の(격조사) 〈끝이〉

ない(無い。 나이) → 원형은 (없다). 이곳에서는 연체형으로 쓰임. 〈없는〉

今日も(きょうも。 교-우모) → 今日(오늘)+も(계조사. 도) 〈오늘도〉

あてなく(当てなく。 아테나쿠) → あて(목적. 계산)+なく(원형 無い一ない。 나이。 없다－의 부사형) 〈정처 없이〉

あれから(아레카라) → 〈그 때부터〉

ただ(唯。 다다) → 〈오직. 단지〉

一人きり(ひとりきり。 히토리키리) → 一人(한사람. 혼자)+きり(부조사. ～뿐) (혼자뿐) 의역하여 〈외톨이〉

明日は(あすは。 아스와) → 明日(내일)+は(주격 조사. 은) 〈내일은〉

どんな(돈나) → 〈어떤〉

町に(まちに。 마치니) → 町(마을)+に(격조사) 〈마을에〉

着くやら(つくやら。 츠쿠야라) → 着く(도착하다 당도하다)+やら(불확실한 상태를 나타내는 부조사) 〈도착할는지〉

うわさも(噂も。 우와사모) → うわさ(소문. 풍문)+も(격조사. 도) 〈풍문도〉

時折(ときおり。 도키오리) → 〈때때로. 가끔〉

聞くけど(きくけど。 기쿠케도) → 聞く(듣다)+けど(조사. けれども, けれど, 라고도 쓰임) 〈듣지만〉

見知らぬ(みしらぬ。 미시라누) → 〈모르는〉

誰かに(だれかに。 다레카니) → 誰(누구)+か(의문의 종조사)+に(격조사)

〈누군가에〉

すれちがう(すれ違う。 스레치가우) → 원형은 (스쳐지나가다). 이곳에서는
연체형으로 쓰임. 〈스쳐지나갈〉

だけ(다케) → 〈~뿐〉

いつも(이츠모) → 〈언제나〉

呼びながら(よびながら。 요비나가라) → 呼び(원형 呼ぶ−よぶ。 요부。
부르다−의 연용형)+ながら(동작・상태의 지속을 나타내는 접속 조사.
~하면서) 〈부르면서〉

返事(へんじ。 헹지) → 〈대답. 응답〉

寒い(さむい。 사무이) → 원형은 (춥다). 이곳에서는 연체형으로 쓰임. 〈추운〉

夜ふけに(よふけに。 요후케니) → 夜ふけ(늦은 밤. 심야)+に(격조사) 의역
하여 〈깊은 밤〉

となりの(隣の。 도나리노) → となり(옆)+の(격조사. 의) 〈옆의〉

席に(せきに。 세키니) → 席(자리)+に(격조사) 〈자리에〉

さえ(사에) → 부조사. 〈~만. ~조차〉

いれば(이레바) → 원형 いる(이루。 있다)의 가정형. 〈있다면. 있으면〉

悲しみ(かなしみ。 가나시미) → 〈슬픔〉

待っていようと(まっていようと。 맛테이요우토) → 待って(원형 待つ—
まつ。 마츠。 기다리다—의 연용형. 기다리고)+いよう(원형 いる−이
루。 있다−의 의지형. 있는다. 있겠다)+と(격조사) 〈기다리고 있는다
고 하여도〉

この世の(このよの。 고요노) → この(지시 대명사. 이)+世(세상)+の(격조
사) 〈이 세상의〉

終りが(おわりが。 오와리가) → 終り(끝)+が(주격 조사. 이) 의역하여
〈종말이〉

もし (모시) → 〈만일. 만약〉

こようとも (来ようとも。 고요우토모) → こよう (원형 来る-くる。 구루。
오다-의 의지형. 오겠다. 온다) +と (격조사. ～라고) +も (격조사) 〈온다
고 하여도〉

地の果て (ちのはて。 치노하테) → 地 (땅. 지구) +の (격조사. 의) +果て (끝)
〈지+의 끝〉

約束 (やくそく。 야쿠소크) → 〈약속〉

するのに (스르노니) → する (원형은 하다. 이곳에서는 연체형으로 쓰임) +の
(격조사) +に (격조사) 〈할 텐데〉

だのに (다노니) → だ (종지형 조동사) +の (격조사) +に (격조사) 〈하지만.
그러나〉

どこにも (何処にも。 도코니모) → どこ (어디) +に (격조사) +も (계조사)
〈어느 곳에도. 어디에도〉

いない (이나이) → い (원형 いる-이루。 있다-의 미연형) +ない (없다)
〈없다〉

笑顔 (えがお。 에가오) → 〈웃는 얼굴〉

涙ぐみつつ (なみだぐみつつ。 나미다구미츠츠) → 涙 (눈물) +ぐみ (원형
ぐむ-그무。 머금다-의 연용형) +つつ (접속 조사) 〈눈물을 글썽이며〉

なぜ (나제) → 〈왜〉

今 (いま。 이마) → 〈지금〉

生きているのか (いきているのか。 이키테이루노카) → 生きて (원형 生き
る-いきる。 이키루。 살다-의 연용형. 살고) +いる (있다) +の (격조
사) +か (의문의 종조사) 〈살고 있는 것일까?〉

その時 (そのとき。 소노토키) → その (그) +時 (때) 〈그때〉

歌が (うたが。 우타가) → 歌 (노래) +が (주격 조사. 가) 〈노래가〉

ひくく(低く。 히쿠크) → 원형 低い(ひくい。 히쿠이。 적다. 낮다)의 부사
    형. 〈낮게. 조그맣게〉

聞こえる(きこえる。 기코에루) → 〈들리다. 들려 오다〉

なつかしい(懷かしい。 나츠카시이) → 원형은 (그립다. 반갑다). 이곳에서
    는 연체형으로 쓰임. 〈그리운〉

マーチ(まーち。 마-치) → (행진곡) 의역하여 〈선율〉

ひびく(響く。 히비쿠) → 〈울려 퍼지다〉

そうさ(소우사) → そう(그래)＋さ(종조사) 〈그래. 그래요〉

逢うために(あうために。 아우타메니) → 逢う(만나다)＋ため(위하여)＋に
    (격조사) 〈만나기 위하여〉

はじまる(始まる。 하지마루) → 〈시작한다. 시작된다〉

해 설

이 곡은 1966년 倍賞 千惠子의 리싸이틀을 위하여 만들어졌다고 합니다.
그 후 69년에 フォー・セインツ(훠 세인츠)가 레코딩하였으나 같은 해 4월
岸 洋子가 불러 대 힛트를 친 작품입니다.

17. あの日にかえりたい

아노히니 가에리타이

(그 날로 돌아가고 싶어)

荒井 由実 歌　　荒井 由実 作詞・作曲

なきながら　ーちぎっ　ー　たしゃしんを　ー

てのひら　に　ーつなげ　ーてみるの　ー

なやみな　き　ーきのう　ー　のほほえみ　ー

わけもな　く　ーにくら　ー　しいのよ　ー

せい　しゅんの一　ー　う　し　ろすがたを

ー　ひと　は　みな一　ー　わす　れてしまう

ー　あの　ころの一　ー　わたし　に　もどって

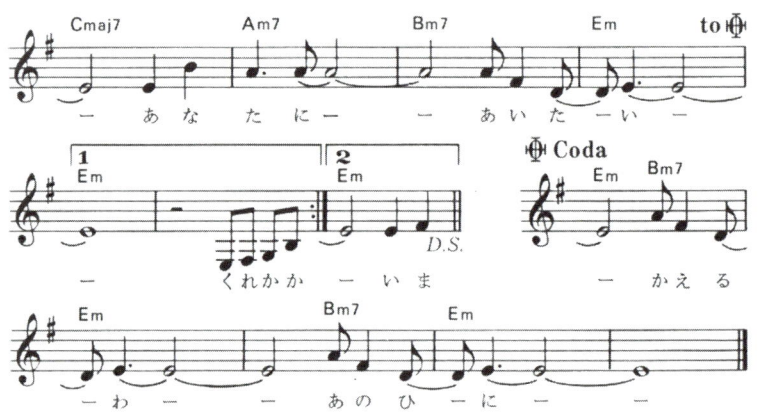

가 사

泣きながら	나키나가라
ちぎった 写真を	치깃타 샤싱오
手の ひらに	데노 히라니
つなげて みるの	츠나게테 미루노
悩み なき	나야미 나키
昨日の ほほえみ	기노우노 호호에미
わけも なく	와케모 나쿠
にくらしいのよ	니쿠라시이노요
青春の 後ろ 姿を	세이슈운노 우시로 스가타오
人は 皆	히토와 민나
忘れて しまう	와스레테 시마우

あの 頃の	아노 코로노
私に もどって	와타시니 모돗테
あなたに 会いたい	아나타니 아이타이

暮れかかる	구레가카루
都会の 空を	도카이노 소라오
思い出は	오모이데와
さすらって 行くの	사스랏테 이쿠노
光る 風	히카루 가제
草の 波間を	쿠사노 나미마오
かけぬける	가케누케루
私が 見える	와타시가 미에루
青春の 後ろ 姿を	세이슈운노 우시로 스가타오
人は 皆	히토와 민나
忘れてしまう	와스레테 시마우
あの 頃の	아노 고로노
私に もどって	와타시니 모돗테
あなたに 会いたい	아나타니 아이타이

今 愛を	이마 아이오
すてて しまえば	스테테 시마에바
傷付ける 人も	기즈츠케루 히토모
ないけど	나이케도
少しだけ	스코시다케
にじんだ アドレス	니진다 아도레스
とびらに はさんで	도비라니 하산데

帰るわ あの日に　　　　　　　　가에루와 아노히니

 번 역

울면서
찢었던 사진을
손바닥에
맞춰놓고 본다
번민하고 울고
어제의 미소
왠지 모르게
미워요
청춘의 뒷모습을
사람들은 모두
잊어버리지
그 시절의
나로 되돌아 가
당신을 만나고 싶어

저물어 가는
도시의 하늘을
추억은
방황하고
번뜩이는 바람

풀밭의 출렁임 속을

뚫고 지나간다

내가 보이네

청춘의 뒷모습을

사람들은 모두

잊어버리지

그 시절의

나로 되돌아 가

당신을 만나고 싶어

지금 사랑을

버려버리면

상처받을 사람도

없건만

조금

번져버린 주소

문에 끼워놓고

돌아 갈께요 그 날로

🖋 단어 · 어휘 · 문법

泣きながら(なきながら。 나키나가라) → 泣き(원형 泣く−なく。 나쿠。
　울다−의 연용형)＋ながら(체언의 동작이 계속됨을 나타내는 접속 조사.
　～면서) 〈울면서〉

ちぎった(千切った。 치깃타) → 원형 千切る(ちぎる。 치기루。 잘게 썰다.
　　손으로 찢다)의 과거 연체형. 〈찢어버린〉

写真を(しゃしんを。 샤싱오) → 写真(사진)＋を(목적격 조사. 을) 〈사진을〉

手のひらに(てのひらに。 테노히라니) → 手(손)＋の(격조사. 의)＋ひら(바
　　닥)＋に(격조사) 〈손바닥에〉

つなげて(繋げて。 츠나게테) → 원형 繋げる(つなげる。 츠나게루。 연결
　　하다. 잇다)의 연용형. 의역하여 〈맞추어〉

みるの(見るの。 미루노) → みる(보다)＋の(종조사) 〈보아요〉

悩み(なやみ。 나야미) → 원형 悩む(なやむ。 나야무。 괴로워하다. 번민하
　　다) 의 연용형. 〈번민하고〉

なき(泣き。 나키) → 원형 泣く(なく。 나쿠。 울다)의 연용형. 〈울고〉

昨日の(きのうの。 기노우노) → 昨日(어제)＋の(격조사) 〈어제의〉

ほほえみ(微笑み。 호호에미) → 〈미소〉

わけもなく(訳もなく。 와케모 나쿠) → わけ(이유. 원인)＋も(격조사. 도)＋
　　なく(원형 無いーない。 나이。 없다ー의 부사형) 〈이유 없이. 왠지 모
　　르게〉

にくらしいのよ(憎らしいのよ。 니크라시이노요) → にく(憎いーにくい。
　　니쿠이。 밉다ー의 연용형)＋らしい(추측의 조동사)＋の(종조사)＋よ(종
　　조사) 〈미운거에요. 미워요〉

青春の(せいしゅんの。 세이슈운노) → 青春(청춘)＋の(격조사. 의) 〈청춘의〉

後ろ姿を(うしろすがたを。 우시로 스가타오) → 後ろ姿(뒷모습)＋を(목적
　　격 조사. 를) 〈뒷모습을〉

人は(ひとは。 히토와) → 人(사람. 사람들)＋は(주격 조사. 은) 〈사람들은〉

皆(みんな。 민나) → 〈모두〉

忘れてしまう(わすれてしまう。 와스레테 시마우) → 忘れて(원형 忘れるー
　　わすれる。 와스레루。 잊다ー의 연용형)＋しまう(동작의 완료를 나타

냄) 〈잊어 버리다〉

あの頃の(あのころの。　아노코로노)　→　あの(그)＋頃(시절. 때)＋の(격조사.
　　의) 〈그 시절의〉

私に(わたしに。　와타시니)　→　私(나)＋に(격조사) 〈나로〉

もどって(戻って。　모돗테)　→　원형 戻る(もどる。　모도루。　돌아오다)의 연
　　용형. 〈돌아와서〉

あなたに(貴方に。　아나타니)　→　あなた(당신. 그대)＋に(격조사) 〈당신을〉

会いたい(あいたい。　아이타이)　→　会い(원형 会う－あう。　아우。　만나
　　다－의 연용형)＋たい(희망・바램을 나타내는 조동사) 〈만나고 싶다〉

暮れかかる(くれかかる。　구레가카루)　→　暮れ(원형 暮る－くれる。　구레
　　루。　저물다. 어두워지다－의 연용형)＋かかる(체언의 동작이 계속되는
　　상태를 나타냄. 이곳에서는 연체형으로 쓰임) 〈어두워지는〉

都会の(とかいの。　도카이노)　→　都会(도시)＋の(격조사. 의) 〈도시의〉

空を(そらを。　소라오)　→　空(하늘)＋を(목적격 조사. 을) 〈하늘을〉

思い出は(おもいでは。　오모이데와)　→　思い出(추억)＋は(주격 조사. 는)
　　〈추억은〉

さすらって行くの(流離っていくの。　사스랏테 이쿠노)　→　원형 流離う(さす
　　らう。　사스라우。　방황하다. 떠돌다)의 연용형＋行く(가다)＋の(종조
　　사) 의역하여 〈방황하고〉

光る風(ひかるかぜ。　히카루 가제)　→　光る(원형은 빛나다. 광채를 발하다.
　　이곳에서는 연체형으로 쓰임. 번뜩이는)＋風(바람) 〈번뜩이는 바람〉

草の(くさの。　쿠사노)　→　草(풀)＋の(격조사. 의) 의역하여 〈풀 밭의〉

波間を(なみまを。　나미마오)　→　波間(물결과 물결 사이)＋を(목적격 조사)
　　의역하여 〈출렁임 속을〉

かけぬける(駆け抜ける。　가케누케루)　→　(뛰어서 지나가다. 스쳐지나가다).

이곳에서는 연체형으로 쓰임. 〈스쳐지나가는〉

見える(みえる。 미에루) → 〈보인다〉

今(いま。 이마) → 〈지금〉

愛を(あいを。 아이오) → 愛(사랑)＋を(목적격 조사. 을) 〈사랑을〉

すてて(捨てて。 스테테) → 원형 捨てる(すてる。 스테루。 버리다)의 연용
　　형. 〈버려〉

しまえば(시마에바) → 원형 しまう(체언의 동작의 완결을 나타냄)의 가정
　　형. 〈～해 버리면〉

傷付ける(きずつける。 기즈츠케루) → 원형은 상처 입히다. 상처 주다. 이
　　곳에서는 연체형으로 쓰임. 〈상처 입힐〉

ないけど(나이케도) → ない(없다)＋けど(조사) 〈없을텐데〉

少しだけ(すこしだけ。 스코시다케) → 少し(조금)＋だけ(한정을 의미하는
　　부조사. ～만. ～뿐) 〈조금(만)〉

にじんだ(滲んだ。 니진다) → 원형 滲む(にじむ。 니지무。 번지다)의 연체
　　형. 〈번진〉

アドレス(あどれす。 아도레스) → 〈주소〉

とびらに(扉に。 도비라니) → とびら(문)＋に(격조사. 에) 〈문에〉

はさんで(挟んで。 하산데) → 원형 挟む(はさむ。 하사무。 끼우다)의 연용
　　형. 〈끼워 놓고〉

帰るわ(かえるわ。 가에루와) → 帰る(돌아가다)＋わ(종조사. 여성어) 〈돌아
　　갈래요〉

あの日に(あのひに。 아노히니) → あの(그)＋日(날)＋に(격조사. 에. 로)
　　〈그날로〉

해   설

1970년대 후반의 새로운 여성 인기 가수로서 주목받았던 荒井가 가요계에
그 위치를 확립할 수 있게 된 계기의 곡이 바로 〈あの日に帰りたい(그날로
돌아가고 싶어)〉입니다.

당시의 텔레비전 인기 드라마 〈あの日に帰りたい〉의 주제곡이기도 합니다.

18. 今はもうだけも

이마와 모- 다레모

(이제는 더 이상 누구도)

アリス 歌　佐竹 俊郎 作詞・作曲

いまは― もう だれ― も ―
あ い し たく ない の ―
なにも― かも なく した ―
いまの ぼく に で きる―こ と
さびしさ だけ が― じっと して る
― とめど なが る ― なみだ に
ひとつ ひとつの おもいで だけ が

今はもう だれも　　　　　　이마와 모- 다레모
愛したく ないの　　　　　　아이시타쿠 나이노
何もかも なくした　　　　　나니모카모 나쿠시타
今の 僕に　　　　　　　　　이마노 보크니
出来る こと　　　　　　　　데키루 고토
さびしさ だけが　　　　　　사비시사 다케가
じっとしてる　　　　　　　　짓토시테루
止めど流れる 涙に　　　　　토메도나가레루 나미다니
一つ 一つの　　　　　　　　히토츠 히토츠
思い出 だけが　　　　　　　오모이 다케가
今はもう だれも　　　　　　이마와 모- 다레모
愛したく ないの　　　　　　아이시타쿠 나이노

今はもう だれも　　　　　　이마와 모- 다레모
愛したく ないの　　　　　　아이시타쿠 나이노

何もかも なくした   나니모카모 나쿠시타

そんな 僕に   손나 보크니

出来る こと   데키루 고토

愛されたくて   아이사레타쿠테

そんな 君に   손나 기미니

僕の 中に   보크노 나카니

悲しみだけが   가나시미다케가

たった 一つの   닷타 히토츠노

残り ものなの   노코리 모노나노

今はもう だれも   이마와 모- 다레모

愛したく ないの   아이시타쿠 나이노

愛されたくて   아이사레타쿠테

そんな 君に   손나 기미니

僕の 中に   보크노 나카니

悲しみだけが   가나시미다케가

たった 一つ   닷타 히토츠

残り ものなの   노코리 모노나노

今はもう だれも   이마와 모- 다레모

愛したく ないの   아이시타쿠 나이노

今はもう だれも   이마와 모- 다레모

愛したく ないの   아이시타쿠 나이노

번 역

이제는 더 이상 누구도
사랑하고 싶지 않아
모든 걸 잊어버렸다
지금 내가
할 수 있는 건
슬픔만이
조용히 존재하는 것
멈추지 않고 흐르는 눈물에
하나 하나
추억만이
이제는 더 이상 누구도
사랑하고 싶지 않아

이제는 더 이상 누구도
사랑하고 싶지 않아
모든 걸 잊어버렸다
그런 내가
할 수 있는 것
사랑 받고 싶어하는
그런 그대에게
나의 슬픔만이
단 하나
남아 있다네

이제는 더 이상 누구도
사랑하고 싶지 않아

사랑 받고 싶어하는
그런 그대에게
나의 슬픔만이
단 하나
남아 있다네
이제는 더 이상 누구도
사랑하고 싶지 않아
이제는 더 이상 아무도
사랑하고 싶지 않아

단어 · 어휘 · 문법

今は(いまは。 이마와) → 今(지금)＋は(주격 조사. 은) 〈지금은〉

もう(모-) → 〈더 이상〉

だれも(誰も。 다레모) → 誰(누구)＋も(격조사. 도) 〈누구도. 아무도〉

愛したくないの(あいしたくないの。 아이시타쿠 나이노) → 愛し(원형 愛す
る－あいする。 아이스르。 사랑하다－의 연용형)＋たく(희망・바램을
나타내는 たい의 연용형)＋ない(부정의 의미)＋の(종조사) 〈사랑하고 싶
지 않아〉

何もかも(なにもかも。 나니모카모) → 〈전부〉

なくした(無くした。 나쿠시타) → 원형 無くす(なくす。 나쿠스。 잊어버

리다)의 과거형. 〈잊어버렸다〉

僕に (ぼくに。 보크니) → 僕(나. 남성어)+に(격조사. 에게) 〈나에게. 나로서. 내가〉

出来ること (できること。 데키루코토) → 出来る(できる。 데키루。 할 수 있다)+こと (것. 일) 〈할 수 있는 것〉

さびしさ (さびしさ。 사비시사) → 〈슬픔〉

だけが (다케가) → だけ(뿐)+が(주격 조사. 이) 〈뿐만이〉

じっとしてる (짓토 시테루) → じっと(조용히)+してる(している의 회화체) 의역하여 〈조용히 존재하는 것〉

止めど (とめど。 토메도) → 〈멈추지 않고〉

流れる (ながれる。 나가레루) → 원형은 (흐르다). 이곳에서는 연체형으로 쓰임. 〈흐르는〉

涙に (なみだに。 나미다니) → 涙(눈물)+に(격조사. 에) 〈눈물에〉

一つ (ひとつ。 히토츠) → 〈하나. 한 개〉

思い出だけが (おもいでだけが。 오모이데 다케가) → 思い出(추억)+だけ(뿐 만)+が(주격 조사. 이) 〈추억만이〉

そんな (손나) → 〈그런〉

愛されたくて (あいされたくて。 아이사레타쿠테) → 愛され(원형 愛される-あいされる。 아이사레루。 사랑받다-의 연용형)+たく(희망・바램을 나타내는 조동사 たい의 연용형)+て(접속 조사) 〈사랑받고 싶어서〉

君に (きみに。 기미니) → 君(그대)+に(격조사. 에게) 〈그대에게〉

悲しみ (かなしみ。 가나시미) → 〈슬픔〉

たった (닷타) → 〈오직〉

残りもの (のこりもの。 노코리모노) → 〈남은 것〉

해 설

　이 노래를 부른 アリス는 23번에서 소개 할 〈昴(스바르)〉를 부른 谷村 新
司가 아마츄어 시절인 1971년, 堀内 孝雄 등과 결성한 그룹입니다.

　그로부터 10년 후인 81년, 그들은 총 매상 298억엥을 올린 후 해산하여
각자 솔러의 길을 들어섰습니다만 谷村는 〈昴〉로, 堀内는〈恋唄綴り〉로 각각
대힛트를 치게 됩니다.

　그들은 솔러의 길을 걸으며 2001년부터 그룹활동을 재개하고 있습니다.

19. ある日突然(어느 날 갑자기)

아루히 토츠젠

トワ・エ・モア 歌　山上 路夫 作詞
村井 邦彦 作曲

ある日　突然	아루히 도츠젠
二人　だまるの	후타리 다마루노
あんなに　おしゃべり	안나니 오샤베리
して　いたけれど	시테 이타케레도
いつか	이츠카
そんな日が　来ると	손나히가 구루토
私には	와타시니와
わかってたのよ	와캇테타노요
ある日　じっと	아루히 짓토
見つめ　合うのよ	미츠메 아우노요
二人は　たがいの	후타리와 다가이노
瞳の　奥を	히토미노 오쿠오
そこに　何があるか	소코니 나니가 아루카
急に	큐-니
知りたくて	시리타쿠테
おたがいを　見る	오타가이오 미루
ある日　そっと	아루히 솟토
近寄る　二人	치카요루 후타리
二人を　へだてた	후타리오 헤다테타
壁を　こえるの	가베오 고에루노
そして　二人	소시테 후타리

すぐに 知るの	스그니 시루노
さがしてた	사가시테타
愛が あるのと	아이가 아루노토
ある日 突然	아루히 도츠젠
愛し合うのよ	아이시아우노요
ただの 友だちが	다다노 도모다치가
その時 かわる	소노히 가와루
いつか 知らず	이츠카 시라즈
胸の 中の	무네노 나카노
育ってた	소닷테다
二人の 愛	후타리노 아이

번 역

어느 날 갑자기
두 사람 입을 다문다
그렇게 수다를
떨었었건만
언젠가
그 날이 오리라고
나는 알고 있었어요

어느 날 가만히

눈을 마주치지요
둘이는 서로의
눈동자 깊은 곳을
그곳에 무엇이 있는가
별안간에
알고 싶어서
서로를 응시하지요

어느 날 조용히
다가가는 두 사람
두 사람 사이를 벌려놓은
벽을 넘는다
그리고 두 사람
금방 알게되지요
찾고 있던
사랑이 그곳에 있다고

어느 날 갑자기
서로 사랑하게 된다
단순하던 친구 관계가 그 때 변하지요
언젠가 모르는 사이에
가슴 속에
키워왔던
두 사람의 사랑

단어 · 어휘 · 문법

ある日(あるひ。 이루히) → 〈어느 날〉

突然(とつぜん。 도츠젠) → 〈돌연히. 갑자기〉

二人(ふたり。 후타리) → 〈두 사람〉

だまるの(黙るの。 다마루노) → だまる(입을 다물다. 묵묵해 지다)+の(종
조사) 〈입을 다문다〉

あんなに(안나니) → 〈그렇게〉

おしゃべり(お喋り。 오샤베리) → 〈수다〉

していたけれど(시테이타케레도) → していた(している의 과거 연용형. 하
고 있었다)+けれど(종지형에 접속하는 접속 조사. ～지만) 〈하고 있었
지만〉

いつか(이츠카) → 〈언젠가〉

そんな日が(そんなひが。 손나 히가) → そんな(그런)+日(날)+が(주격 조
사. 이) 〈그런 날이〉

来ると(くると。 구르토) → 来る(오다)+と(～라고) 〈온다고〉

私には(わたしには。 와타시니와) → 私(나)+に(격조사. 에게)+は(격조사.
는) 〈나(에게)는〉

わかってたのよ(分かってたのよ。 와캇테타노요) → わかってた(원형 わか
る−分かる。 와카르。 알다−의 과거 연용형)+の(격조사. 의)+よ(종
조사) 〈알고 있었어요〉

じっと(짓토) → 〈가만히〉

見つめ合うのよ(みつめあうのよ。 미츠메 아우노요) → 見つめ合う(서로 바
라보다. 서로 응시하다)+の(격조사. 의)+よ(종조사) 의역하여 〈눈을

마주치지요〉

たがいの(互の。 다가이노) → 互(서로)＋の(격조사. 의) 〈서로의〉

瞳(ひとみ。 히토미) → 〈눈동자〉

奥を(おくを。 오쿠오) → 奥(속. 안)＋を(격조사. 을) 〈깊은곳을〉

そこに(其処に。 소코니) → そこ(그곳)＋に(격조사. 에) 〈그곳에〉

なにが(何が。 나니가) → なに(무엇)＋が(계조사. 이) 〈무엇이〉

あるか(아르카) → ある(있다)＋か(종조사) 〈있는가. 있는지〉

急に(きゅうに。 큐우니) → 〈갑자기〉

知りたくて(しりたくて。 시리타쿠테) → 知り(원형 知る －しる。 시르。
　　알다－의 연용형)＋たくて(원형 たい－타이。 ～하고 싶다－의 연용형)
　　〈알고 싶어서〉

見る(みる。 미르) → (보다) 의역하여 〈응시하다〉

そっと(솟토) → 〈조용히〉

近寄る(ちかよる。 치카요르) → 원형은 (다가가다) 이곳에서는 연체형으로
　　쓰이고 있음. 〈다가가는〉

へだてた(隔てた。 헤다텟타) → 원형(隔てる－へだてる。 헤다테르。 사이
　　가 벌어지다. 간격이 있다)의 연체형. 〈벌려놓은〉

壁を(かべを。 가베오) → 壁(벽)＋を(격조사.을) 〈벽을〉

こえるの(越えるの。 고에르노) → こえる(넘다)＋の(종조사) 〈넘는다〉

そして(소시테) → 〈그리고〉

すぐに(스그니) → 〈금방〉

知るの(しるの。 시루노) → 知る(알다)＋の(종조사) 〈알게 되지요〉

さがしてた(探してた。 사가시테타) → さがして(원형 探す－さがす。 사가
　　스。 찾다－의 연용형)＋た(「いた」의 줄임말.) 〈찾고 있던〉

愛が(あいが。 아이가) → 愛(사랑)＋が(계조사. 이) 〈사랑이〉

あるのと(아르노토) → ある(있다)＋の(종조사)＋と(～라고)〈있는거라고〉

愛し合うのよ(あいしあうのよ。 아이시 아우노요) → 愛し合う(서로 사랑하
　　다)＋の(종조사)＋よ(종조사)〈사랑하게 된다〉

ただの(只の。 다다노) → 〈단순한. 단순하던〉

友だちが(ともだちが。 도모다치가) → 友だち(친구)＋が(계조사. 가)〈친구
　　(관계)가〉

その時(そのとき。 소노토키) → その(그)＋時(때)〈그 때〉

かわる(変わる。 가와르) → 〈변하다〉

いつか(이츠카) → 〈언젠가〉

知らず(しらず。 시라즈) → 원형 知る(しる。 시루。 알다)의 미연형. (모
　　르고) 이곳에서는 의역하여 〈모르는 사이에〉

胸の(むねの。 무네노) → 胸(가슴)＋の(격조사. 의)〈가슴(의)〉

中(なか。 나카) → 〈속. 안〉

育てた(そだてた。 소다테타) → 원형 育つ(そだつ。 소다츠。 기르다. 키우
　　다.) 의 연체형.〈키워왔던〉

해　설

　이 곡은 남녀 듀엣 팀 トワ・エ・モワ(토와 에 모와)의 1972년 데뷔곡입
니다. 아마츄어와 같은 참신함과 아름다운 하모니 그리고 뛰어난 가창력으로
선풍적인 인기를 얻은 뒤 노래 제목과도 같이 〈어느 날 갑자기〉 해산하여 많
은 사람들을 섭섭하게 하였다고 하는 전설적인 그룹이라 할 수 있습니다.

20. わかって下さい

와캇테 구다사이

(이해해 주세요)

因幡 晃 歌   因幡 晃 作詞・作曲

あなたの　　あいしーーーた
わすれた　　つもりーでーーも

ひとの　なまえは　ー　　　　あのなつの　　ひと
おもい　だすのね　ー　　　　まちでーー　　あな

とーもーーに　　　わすれ　たでしょ　う　　いつ
たに　にーーた　　　ひとを　みかける　と　　ふり

1.
もいわれたー　ふたりの　ー　かげには　ー　あーいが

ーーみえる　と

2.3.
むいてしまうー　かなしい　けれどそこには　ー　あい　は　ーみえな

い　　これ　から　さみしい　あきで　ーすーとき

おり てがみをかきます ― なみ だで もじが にじんでい

た ―なら― わかって ― くださ い

D.C.

Coda

い なみ だで もじが にじんでい

た ―なら― わかって くださ い

👄 가   사

あなたの	아나타노
愛した	아이시타
人の 名前は	히토노 나마에와
あの	아노
夏の日と ともに	나츠노히토 토모니
忘れたでしょう	와스레타데쇼오
いつも	이츠모
言われた	이와레타
二人の 影には	후타리노 가게니와
愛が みえると	아이가 미에르토

忘れた つもりでも　　　　와스레타 츠모리데모

思い 出すのね　　　　　　오모이 다스노네

町で　　　　　　　　　　마치데

あなたに　　　　　　　　아나타니

似た人を 見かけると　　　니타히토오 미카케르토

ふりむいて しまう　　　　후리무이테 시마우

悲しいけれど　　　　　　가나시이케레도

そこには　　　　　　　　소코니와

愛は 見えない　　　　　　아이와 미에나이

これから　　　　　　　　고레카라

淋しい 秋です　　　　　　사비시이 아키데스

ときおり 手紙を　　　　　도키오리 데가미오

書きます　　　　　　　　가키마스

涙で 文字が　　　　　　　나미다데 모지가

にじんで いたなら　　　　니진데 이타나라

わかって ください　　　　와캇테 구다사이

私の　　　　　　　　　　와타시노

二十歳の　　　　　　　　하타치노

お祝いに くれた　　　　　오이와이니 구레타

金の 指輪は　　　　　　　킹노 유비와와

今も　　　　　　　　　　이마모

光って います　　　　　　히캇테 이마스

二人で　　　　　　　　　후타리데

そろえた　　　　　　　　소로에타

黄色い　　　　　　　　　기이로이

ティーカップ	티-캎프
今も	이마모
あるかしら	아르카시라
これから	고레카라
淋しい 秋です	사비시이 아키데스
ときおり 手紙を	도키오리 데가미오
書きます	가키마스
涙で 文字が	나미다데 모지가
にじんで いたなら	니진데 이타나라
わかって ください	와캇테 구다사이
涙で 文字が	나미다데 모지가
にじんで いたなら	니진데 이타나라
わかって ください	와캇테 구다사이

번 역

당신이 사랑한
사람의 이름은
그 여름날과 함께
잊어버렸겠지요
언제나 들었다
두 사람의 그림자에는
사랑이 보인다고
잊어버렸다고

마음먹었는데도

생각이 나내요

거리에서

그대와 닮은 사람을

만나면

돌아보고 말아

슬프지만

거기에

사랑은 보이지 않아

지금부터

쓸쓸한 가을입니다

가끔

편지를 쓰겠어요

눈물로 글씨가

번져있다면

이해해 주세요

내 스무 살

기념으로 주었던

금반지는

지금도

빛나고 있습니다

둘이서 장만했던

노오란 커피잔

지금도

있을는지

이제부터

쓸쓸한 가을입니다

가끔

편지를 쓰겠어요

눈물로 글씨가

번져있다면

이해해 주세요

눈물로 글씨가

번져 있다면

이해해 주세요

단어 · 어휘 · 문법

あなたの(貴方の。 아나타노) → あなた(당신. 그대)＋の(격조사. 의) 〈당신
의. 당신이〉

愛した(あいした。 아이시타) → 원형 愛する(あいする。 아이스르。 사랑하
다)의 연체형. 〈사랑한〉

人の(ひとの。 히토노) → 人(사람)＋の(격조사. 의) 〈사람의〉

名前は(なまえは。 나마에와) → 名前(이름)＋は(격조사. 은) 〈이름은〉

あの夏の日とともに(あのなつのひと共に。 아노 나츠노 히토 토모니) →
あの(저. 그)＋夏(여름)＋の(격조사. 의)＋日(날)＋と(～와)＋ともに(함
께) 〈그 여름날과 함께〉

忘れたでしょう(わすれたでしょう。 와스레타데쇼-오) → 忘れた(원형 忘れ
る－わすれる。 와스레르。 잊어버리다－의 과거 연용형)＋でしょう(정

중한 의문형) 〈잊어버렸지요〉

いつも(이츠모) → 〈언제나〉

言われた(いわれた。 이와레타) → 원형 言う(いう。 이우。 말하다)의 과거
　　　수동형. 〈(말을)들었다〉

二人の(ふたりの。 후타리노) → 二人(두 사람)＋の(격조사. 의) 〈두 사람의〉

影には(かげには。 가게니와) → 影(그림자. 영상)＋に(격조사. 에)＋は(격조
　　　사. 는) 〈그림자에는〉

愛が(あいが。 아이가) → 愛(사랑)＋が(계조사. 이) 〈사랑이〉

みえると(見えると。 미에르토) → みえる(보이다. 보인다)＋と(～고. ～라
　　　고) 〈보인다고〉

忘れたつもりでも(わすれたつもりでも。 와스레타 츠모리데모) → 忘れた
　　　(원형 忘れる－わすれる。 와스레르。 잊다. 잊어버리다－의 연체형)＋
　　　つもり(의도. 마음 속 생각)＋でも(부조사) 〈잊어버렸다고 마음먹었는
　　　데도〉

思い出すのね(おもいだすのね。 오모이 다스노네) → 思い出す(생각나다)＋
　　　のね(상대방에게 자신의 주장을 강하게 어필시키기 위하여 쓰는 종조사)
　　　〈생각이 나네〉

町で(まちで。 마치데) → 町(거리)＋で(장소를 나타내는 격조사. ～에서)
　　　〈거리에서〉

似た人を(にたひとを。 니타히토오) → 似た(원형 似る－にる。 니르。 닮
　　　다－의 연체형. 닮은)＋人(사람)＋を(목적격 조사. 을) 〈닮은 사람을〉

見かれると(みかけると。 미카케르토) → 見かける(みかける。 미카케르。
　　　발견하다. 보다. 만나다)＋と(～면) 〈만나면〉

ふりむいてしまう(振り向いてしまう。 후리무이테 시마우) → ふりむいて
　　　(원형 ふりむく－振り向く。 후리무크。 돌아보다－의 연용형)＋しまう
　　　(마지막으로 하다. 끝내다. ～해 버리다) 〈돌아보고 말다〉

悲しいけれど(かなしいけれど。 가나시이케레도) → 悲しい(슬프다)+けれ
   ど(~지만)〈슬프지만〉

そこには(소코니와) → そこ(그곳)+に(격조사. 에)+は(격조사. 는)〈그곳에는〉

みえない(見えない。 미에나이) → みえ(원형 みえる－見える。 미에르。
   보이다－의 연용형)+ない(앞의 내용을 부정함)〈보이지 않는다〉

これから(고레카라) →〈이제부터〉

淋しい(さびしい。 사비시이) →〈쓸쓸하다. 외롭다. 쓸쓸한. 외로운〉

秋です(あきです。 아키데스) → 秋(가을)+です(존경의 종지형. 입니다)
   〈가을 입니다〉

ときおり(時折。 도키오리) →〈가끔. 때때로〉

手紙を(てがみを。 데가미오) → 手紙(편지)+を(목적격 조사. 를)〈편지를〉

書きます(かきます。 가키마스) → 원형 書く(かく。 가크。 쓰다)의 정중한
   표현.〈씁니다. 쓰겠습니다. 쓰겠어요〉

涙で(なみだで。 나미다데) → 涙(눈물)+で(수단・방법을 나타내는 격조사)
   〈눈물로〉

文字が(もじが。 모지가) → 文字(글자. 글씨)+が(계조사. 가)〈글씨가〉

にじんでいたなら(滲んでいたなら。 니진데 이타나라) → にじんで(원형 に
   じむ－滲む。 니지므。 번지다. 얼룩지다－의 연용형)+いた(원형 い
   る－居る。 이르。 있다－의 연용형)+なら(가정의 표현. ~라면)〈번져
   있다면. 얼룩져 있다면〉

わかってください(分かって下さい。 와캇테 구다사이) →わかって(원형 わ
   かる－分かる。 와카르。 알다. 이해하다－의 연용형)+ください(~해
   주십시오)〈이해해 주세요〉

私の(わたしの。 와타시노) → 私(나)+の(격조사. 의)〈나의. 내〉

二十歳の(はたちの。 하타치노) → 二十歳(스무살)+の(격조사. 의)〈스무살의〉

お祝いに(おいわいに。 오이와이니) → お(미화접두어)＋祝い(기원. 기념)＋
　　に(격조사. 으로) 〈기념으로〉

くれた(구레타) → 원형 くれる(구레르。 주다)의 과거 연용형. 〈준. 주었던〉

金の(きんの。 킹노) → 金(금)＋の(격조사. 의) 〈금의〉

指輪は(ゆびわは。 유비와와) → 指輪(반지)＋は(격조사. 는) 〈반지는〉

今も(いまも。 이마모) → 今(지금)＋も(격조사. 도) 〈지금도〉

光っています(ひかっています。 히캇테 이마스) → 光って(원형 光る－ひ
　　かる。 히카르。 빛나다. 반짝이다－의 연용형)＋います(원형 いる－이
　　르。 있다－의존경어. 있습니다) 〈빛나고 있습니다〉

そろえた(揃えた。 소로에타) → 원형 そろえる(揃える。 소로에르。 장만
　　하다)의 연체형. 〈장만한〉

黄色い(きいろい。 기이로이) → 〈노랗다. 노오란〉

ティーカップ(てぃーかっぷ。 티-캅프) → 〈Tea Cup. 커피잔〉

あるかしら(아르카시라) → ある(있다)＋かしら(불확실한 상황을 자문하는
　　심정을 나타내는 종조사) 〈있을까. 있을는지〉

🔍 해　　설

　　가수 因幡은 이 곡 〈わかってください(이해해 주세요)〉로 1975년 제10회
야마하 포퓰라 노래 콘테스트에 출전하여 최우수곡상을 수상하였습니다. 계속
하여 세계 가요제에도 입상, 76년에는 이 노래가 장기에 걸쳐 베스트 상위에
랭킹 되었습니다.

　　78년, 토오쿄오 〈武道館(무도관)〉에서 열린 콘서트에서는 만 명이 넘는 입
장객으로 대 호황을 이루었다고 합니다.

21. 神田川(간다강)

간다가와

かぐや姫 歌　喜多条 忠 作詞

南 こうせつ 作曲

あな たは もうー わすれた かしらー あか

い てぬぐい マフラー にして ー ふた

りで いった よこちょうの ふろやー いっ

しょに でよう ねって いったの に いつ

も わたしが まーーた されたー あら

い がみが しんまで ひえて ー ちい

さな せっけん カタカタ なった ー あな

たは わたしの からだを だいて ー つめ

たい ねって いったの よ わ か か ー
った あのころ なにもこわくなかった た
だ あなたの やさしさ が こわかった た

가 사

あなたは もう	아나타와 모-
わすれた かしら	와스레타 카시라
赤い 手ぬぐい	아카이 데누그이
マフラーに して	마후라니 시테
二人で 行った	후타리데 잇타
横町の	요코쵸노
風呂場	후로바
いっしょに	잇쇼니
出ようねって	데요넷테
言ったのに	잇타노니
いつも 私が	이츠모 와타시가
待たされた	마타사레타

洗い 髪が	아라이 가미가
芯まで 冷えて	싱마데 히에테
小さな 石験	치이사나 셋켕
カタカタ 鳴った	카타카타 낫타
あなたは	아나타와
私の	와타시노
体を 抱いて	가라다오 다이테
冷たいねって	츠메타이넷테
言ったのよ	잇타노요
若かった あの 頃	와카캇타 아노 고로
何も	나니모
怖く なかった	고와크 나캇타
ただ	다다
あなたの	아나타노
やさしさが	야사시사가
怖かった	고왓캇타

あなたは もう	아나타와 모-
捨てたの かしら	스테타노 카시라
二十四色の	니쥬욘쇼크노
クレパス 買って	크레파스 갓테
あなたが 描いた	아나타가 에가이타
私の 似顔	와타시노 니가오
うまく	우마크
描いてねって	가이테넷테
言ったのに	잇타노니

いつも	이츠모
ちっとも	칫토모
似てないの	니테나이노
窓の 下には	마도노 시타니와
神田川	간다가와
三畳 一間の	산죠- 이치마노
ちいさな 下宿	치이사나 게슈크
あなたは	아나타와
わたしの	와타시노
指先 見つめ	유비사키 미츠메
悲しいか	가나시이카
言って 来たのよ	잇테 기타노요
若かった あの頃	와카캇타 아노 고로
何も	나니모
怖く なかった	고와크 나캇타
ただ	다다
あなたの	아나타노
やさしさが	야사시사가
怖かった	고와캇타

번 역

그대는 벌써
잊어버렸는가

빨간 수건

마후라로 두르고

둘이서 갔던

옆길의

목욕탕

같이

나와요 라고

말했으면서

언제나

내가

기다렸다

감은 머리가

뼈속까지 얼고

조그만 비누

달락 달락 소리났다

그대는

내 몸을 껴안고

얼었네 라고

말했었지

젊었던 그 시절

아무것도

무서운게 없었다

단지

그대의

상냥함이

무서웠다

그대는 이미

버렸을까

이십 사색의

크레파스 사서

그대가 그린

나의 초상화

잘

그려 라고

했는데도

언제나

조금도

닮지 않았다

창문 아래는

간다강

산죠 이치마의

좁은 자취방

그대는

나의 손 끝을

응시하며

슬프냐고

물어 왔다

젊었던 그 시절

아무것도

무섭지 않았다

단지

그대의

상냥함이

무서웠다

단어 · 어휘 · 문법

あなたは(貴方は。 아나타와) → あなた(당신. 그대)+は(격조사. 는) 〈그대는〉

もう(모오) → 〈이미. 벌써〉

わすれたかしら(忘れたかしら。 와스레타카시라) → わすれた(원형 わすれる－忘れる。 와스레르。 잊다. 잊어버리다－의 과거 연용형. 잊어버렸다)+かしら(불확실한 것에 대해 자문하는 기분을 나타내는 종조사. 흔히 여성어로 쓰임) 〈잊어버렸을까. 잊었는가〉

赤い(あかい。 아카이) → 〈빨갛다. 빨간〉

手ぬぐい(てぬぐい。 데누구이) → 〈수건〉

マフラー(まふら。 마흐라) → 〈마후라. 스카프〉

~にして(~니 시테) → に(격조사. ~에. ~로)+して(원형 する－스르。 하다－의 연용형. 하고) 의역하여 〈(마후라)로 두루고〉

二人で(ふたりで。 후타리데) → 二人(두 사람. 둘)+で(수단·방법을 나타내는 격조사) 〈둘이서〉

行った(いった。 잇타) → 원형 行く(いく。 이크。 가다)의 연용형. 〈갔었던. 갔던〉

横丁の(よこちょうの。 요코쵸오노) → 横丁(옆길)+の(격조사. 의) 〈옆길의〉

風呂屋(ふろや。 후로야) → 〈목욕탕〉

いっしょに(一緒に。 잇쇼니) → 〈함께. 같이〉

出ようねって(でようねって。 데요우넷테) → 出よう(원형 出る－でる。 데

르。 나가다. 나오다-의 권유형. 나가자)＋ね(상대방의 공감을 청하는 종조사)＋って (다른 곳에서 들은 지식을·정보를 말하는 종조사. ～라고) 〈나와요 라고〉

言ったのに(いったのに。 잇타노니) → 言った(원형 言う-いう。 이우。 말하다-의 과거형. 말했다)＋のに(역접의 뜻을 나타내는 접속 조사) 〈말했는데. 말했으면서〉

いつも(이츠모) → 〈늘. 항상. 언제나〉

私が(わたしが。 와타시가) → 私(나)＋が(계조사. 가) 〈내가〉

待たされた(またされた。 마타사레타) → 원형 待つ(まつ。 마츠。 기다리다)의 과거 수동형.〈기달렸다〉

洗い髪が(あらいかみが。 아라이 카미가) → 洗い(원형 洗う-あらう。 아라우。 씻다. 닦다. 감다-의 연체형)＋髪(머리)＋が(계조사. 가) 〈감은 머리가〉

芯まで(しんまで。 싱마데) → 芯(물건의 중심)＋まで(까지) 〈뼈속까지〉

冷えて(ひえて。 히에테) → 원형 冷える(ひえる。 히에르。 얼다)의 연용형. 〈얼고〉

小さな(ちいさな。 치이사나) → 원형 小さい(ちいさい。 치이사이。 조그맣다. 작다)의 연체형.〈조그만. 작은〉

石鹸(せっけん。 셋켕) → 〈비누〉

カタカタ(かたかた。 카타카타) → 의성어〈달그락 달그락. 달락 달락〉

鳴った(なった。 낫타) → 원형 鳴る(なる。 나르。 소리가 나다)의 과거 연용형.〈소리가 났다〉

からだを(からだを。 가라다오) → からだ(몸)＋を(목적격 조사. 을) 〈몸을〉

抱いて(だいて。 다이테) → 원형 抱く(だく。 다크。 안다. 껴안다)의 연용형.〈껴안고. 안고〉

冷たいねって(つめたいねって。 츠메타이넷테) → 冷たい(차갑다)＋ね(상대

방의 공감을 청하는 종조사.)＋って(다른 곳에서 들은 정보·지식을 말

하는 종조사) 〈차갑네 라고. 얼었네 라고〉

言ったのよ(いったのよ。 잇타노요) → 言った(원형 言う－いう。 이우.

말하다－의 과거형)＋の(단정의 의미를 나타내는 종조사)＋よ(종조사)

〈말했었지〉

若かった(わかかった。 와카캇타) → 원형 若い(わかい。 와카이。 젊다)의

과거 연체형. 〈젊었었던〉

あの頃(あのころ。 아노코로) → あの(그)＋頃(시절. 즈음) 〈그 시절〉

何も(なにも。 나니모) → 〈아무것도〉

怖くなかった(こわくなかった。 고와크나캇타) → 怖く(원형 怖い－こわ

い。 고와이。 무섭다－의 미연형)＋なかった(원형 ない－無い。 나

이。 부정의 의미－의 과거형) 〈무섭지 않았다〉

ただ(唯。 다다) → 〈단. 단지〉

やさしさが(優しさが。 야사시사가) → やさしさ(원형 やさしい－優しい。

야사시이。 친절하다. 상냥하다－의 명사형. 친절함. 상냥함)＋が(계조

사. 이) 〈상냥함이〉

怖かった(こわかった。 고와캇타) → 원형 怖い(こわい。 고와이。 무섭다)

의 과거형. 〈무서웠다〉

捨てたのかしら(すてたのかしら。 스테타노카시라) → 捨てた(원형 捨て

る－すてる。 스테르。 버리다－의 과거형)＋の(종조사)＋かしら(불확실

한 것에 대해 자문을 나타내는 종조사) 〈버렸을까〉

二十四色の(にじゅうよんしょくの。 니쥬 욘 쇼크노) → 二十四色(24색)＋

の(격조사. 의) 〈24색의〉

クレパス(くれぱす。 크레파스) → 〈크레용. 크레파스〉

買って(かって。 갓테) → 원형 買う(かう。 가우。 사다)의 연용형. 〈사서〉

描いた(かいた。 가이타) → 원형 描く(かく。 가크。 그리다)의 연용형.

〈그린〉

似顔絵(にがおえ。 니가오에) → 〈초상화〉

うまく(巧く。 우마크) → 원형 巧い(うまい。 우마이。 잘하다. 능숙하다) 의 부사형. 〈멋있게. 잘〉

描いてねって(かいてねって。 가이테넷테) → 描いて(원형 描く－かく。 가크。 그리다－의 연용형)＋ね(종조사)＋って(다른 곳에서 들은 정보・지식을 말하는 종조사) 〈(잘) 그려 라고〉

ちっとも(칫토모) → 〈전혀. 조금도〉

似てないの(にてないの。 니테나이노) → 似て(원형 似る－にる。 니르。 닮다－의 연용형)＋ない(부정의 의미를 갖는 조동사)＋の(종조사) 〈닮지 않았다〉

窓の(まどの。 마도노) → 窓(창. 창문)＋の(격조사. 의) 〈창문의〉

下には(したには。 시타니와) → 下(밑. 아래)＋に(격조사. 에)＋は(격조사. 는) 〈아래는. 밑은〉

神田川(かんだがわ。 간다가와) → 토오쿄오의 중심을 흐르는 강 〈간다강〉

三畳(さんじょう。 산죠오) → 一畳가 사방 1미터×2미터이므로 三畳는 3미터×2미터의 넓이임.

一間(いちま。 이치마) → 〈한칸(방)〉

下宿(げしゅく。 게슈크) → 일본의 (하숙)은 우리나라로 말하자면 (자취. 자취방)에 해당됨. 〈자취방〉

指先(ゆびさき。 유비사키) → 〈손 끝〉

見つめ(みつめ。 미츠메) → 원형 見つめる(みつめる。 미츠메르。 바라보다. 응시하다)의 연용형. 〈응시하며〉

悲しいか(かなしいか。 가나시이카) → 원형 悲しい(かなしい。 가나시이。 슬프다)의 의문문. 〈슬프니? 슬퍼?〉

いってきたのよ(言って来たのよ。 잇테기타노요) → いって(원형 いう－言

う。 이우。 말하다-의 연용형)+きた(원형 くる-来る。 구르。 오
다-의 연용형)+の(종조사)+よ(종조사) 〈물어 왔다〉

해 설

　서정파 포크송계의 대표적인 명곡이라고 하는 이 노래는 1973년 발표되어
그룹 かぐや姫(가그야 히메)의 명성을 일본 전역에 떨친 힛트 곡입니다.
　당시에는 특히 지방에서 상경하여 좁은 자취방에서 고학하던 대학생들 사
이에 폭발적인 인기가 있었다고 하는데, 지나간 청춘 시절을 노래하는 이 멜
로디는 지금도 많은 사람의 마음을 감동시키고 있습니다.

22. 乾杯(건배)

간파이

長 剛 歌　長 剛 作詞·作曲

Larghetto (♩=63 ぐらい)

1. かたーいきずなに一　おも　いを　よせてー
2. キャンドルライトの一　なか　のふ　たりを一

かた りつくせぬ　せい　しゅんの ひびー　ときに
いま こうーして　めを　ほそ めてる一　おおき

は　きず つきー　ときに　は　よろ こびー　かたを
な　よろ こびと　すこし　の　さび しさを　なみだ

たた き あったー　あのーひ　一
の一　こと ばで一　うたいた　い

あれからどれくらい　たーっ　たの　だろうー　ふるさ
あさーのひかりを一　から　だに　あびてー

しず むゆうひを一　いくつ　かぞ えたろ うー　ふるさ
ふり かえらずに一　その一　まま ゆけば よい　かぜに

- 190 -

가 사

かたい 絆に	가타이 기즈나니
想いを 寄せて	오모이오 요세테
語り 尽くせぬ	가타리 츠크세누
青春の 日々	세이슈운노 히비
時には 傷つき	도키니와 기즈츠키
時には 喜び	도키니와 요로코비
肩を	가타오
たたき あった	다타키 앗타
あの 日	아노 히
あれから	아레카라
どれくらい	도레쿠라이
経ったのだろう	닷타노다로우
沈む 夕日を	시즈므 유우히오
いくつ	이크츠
数えたろう	가조에타로오
故郷の 友は	후르사토노 토모와
今でも	이마데모
君の	기미노
心の なかに	고코로노 나카니
いますか	이마스카
乾杯	간파이
いま 君は	이마 기미와
人生の	진세이노

大きな 大きな	오오키나 오오키나
舞台に 立ち	부타이니 다치
はるか	하르카
長い 道程を	나가이 미치노리오
歩き 始めた	아루키 하지메타
君に	기미니
幸福 あれ	시아와세 아레
キャンドル ライトの	캰도르 라이토노
なかの 二人を	나카노 후타리오
今 こうして	이마 고우시테
目を ほそめる	메오 호소메르
大きな 喜びと	오오키나 요로코비토
少しの 淋しさと	스코시노 사비시사토
なみだの 言葉で	나미다노 고토바데
うたいたい	우타이타이
朝の 光を	아사노 히카리오
体に 浴びて	가라다니 아비테
振り返らずに	후리카에라즈니
そのまま	소노마마
ゆけば よい	유케바 요이
風に	가제니
吹かれても	후카레테모
雨に	아메니
うたれても	우타레테모
信じた 愛に	신지타 아이니

背を 向ける	세오 무케르
乾杯	간파이
いま 君は	이마 기미와
人生の	진세이노
大きな 大きな	오오키나 오오키나
舞台に 立ち	부타이니 다치
はるか	하르카
長い 道程を	나가이 미치노리오
歩き 始めた	아르키 하지메타
君に	기미니
幸福 あれ	시아와세 아레
君に	기미니
幸福 あれ	시아와세 아레

번 역

강한 연대에

마음을 담아

말로 다 하지 못할

청춘의 나날

때로는 상처받고

때로는 기뻐하고

어깨를 서로 치며 격려하던

그 날

그로부터
얼마 정도
지났단 말인가
지는 저녁 해를
얼마나 세었던가
고향의 친구들은
지금도
그대의 마음 속에
있습니까
건배
지금 그대는
인생의
커다란 커다란
무대에 서서
아득히 먼 길을
걷기 시작했다
그대에게
행복 있기를

촛불빛 속의 두 사람을
지금 이렇게
눈을 가늘게 뜨고 보고 있네
커다란 기쁨과
조그만 슬픔을
눈물어린 말로
노래하고 싶다

아침 햇살을

몸 전체에 받고

돌아보지 말고

그대로 가면 되네

바람에 날려도

비를 맞아도

믿었던 사랑에

등을 돌린다

건배

지금 그대는 인생의

커다란 커다란

무대에 서서

아득히 먼 길을

걷기 시작했다

그대에게

행복 있기를

그대에게

행복 있기를

단어 · 어휘 · 문법

かたい(固い。 가타이) → 〈단단하다. 강하다. 강한. 단단한〉

絆に(きずなに。 기즈나니) → 絆(줄. 끈)＋に(격조사. 에) 의역하여 〈연대에〉

想いを(おもいを。 오모이오) → 想い(생각 마음)＋を(목적격 조사. 을) 〈마

음을〉

寄せて(よせて。 요세테) → 원형 寄せる(よせる。 요세르。 담다. 실다)의
연용형. 〈담고. 실고〉

語り尽くせぬ(かたりつくせぬ。 가타리 츠크세느) → 語り(원형 語る-かた
る。 가타르。 말하다-의 연용형)+尽くせ(원형 尽くせる-つくせる。
츠크세르。 진력을 다 할 수 있다-의미연형)+ぬ(부정의 의미를 나타내
는 조동사) 〈말로 다 하지 못할〉

青春の(せいしゅんの。 세이슈운노) → 青春(청춘)+の(격조사. 의) 〈청춘의〉

日々(ひび。 히비) → 〈나날〉

時には(ときには。 도키니와) → 時(때)+に(격조사)+は(격조사) 〈때로는〉

傷つき(きずつき。 기즈츠키) → 원형 傷付く(きずつく。 기즈츠크。 상처받
다)의 연용형. 〈상처받고〉

喜び(よろこび。 요로코비) → 원형 喜ぶ(よろこぶ。 요로코브。 기뻐하다)
의 연용형. 〈기뻐하고〉

肩を(かたを。 가타오) → 肩(어깨)+を(목적격 조사. 를) 〈어깨를〉

たたきあった(叩き合った。 다타키앗타) → 원형 叩き合う(たたきあう。 다
타키아우。 서로 치다)의 과거형. 의역하여 〈서로 치고 격려하던〉

あの日(あのひ。 아노히) → 〈그 날〉

あれから(아레카라) → 〈그로부터〉

どれくらい(도레쿠라이) → どれ(어느)+くらい(정도. 만큼) 〈얼마 정도〉

経ったのだろう(たったのだろう。 닷타노다로우) → 経った(원형 経つ-た
つ。 다츠。 지나다. 경과하다-의 연용형)+の(종조사)+だろう(추측・
추량을 나타내는 조동사) 〈지났을까. 지났단 말인가〉

沈む(しずむ。 시즈므) → 〈가라앉다. 지다. 가라앉는. 지는〉

夕日を(ゆうひを。 유우히오) → 夕日(저녁해)+を(목적격 조사. 를) 〈저
녁해를〉

いくつ(이크츠) → 〈얼마나〉

数えたろう(かぞえたろう。 가죠에타로-) → 数え(원형 数える-かぞえる。 가죠에르。 세다-의 연용형)+たろう(과거를 회상하는 추량의 의미를 내포하는 조동사) 〈세었던가〉

故郷の(ふるさとの。 후르사토노) → 故郷(고향)+の(격조사. 의) 〈고향의〉

友は(ともは。 토모와) → 友(친구)+は(격조사. 는) 〈친구는〉

今でも(いまでも。 이마데모) → 今(지금)+で(동작・작용이 행해지는 시점을 나타내는 격조사)+も(계조사. 도) 〈지금도〉

君の(きみの。 기미노) → 君(그대)+の(격조사. 의) 〈그대의〉

心の(こころの。 고코로노) → 心(마음)+の(격조사. 의) 〈마음의〉

なかに(中に。 나카니) →なか(안. 속)+に(격조사. 에) 〈속에〉

いますか(이마스카) → 원형 いる(이르。 있다)의 존칭 의문형. 〈있습니까〉

乾杯(かんぱい。 간파이) → 〈건배〉

人生の(じんせいの。 진세이노) → 人生(인생)+の(격조사. 의) 〈인생의〉

大きな(おおきな。 오오키나) → 원형 大きい(おおきい。 오오키이。 크다)의 연체형. 〈큰. 커다란〉

舞台に(ぶたいに。 부타이니) → 舞台(무대)+に(격조사. 에) 〈무대에〉

立ち(たち。 다치) → 원형 立つ(たつ。 다츠。 서다)의 연용형. 〈서서〉

はるか(遥か。 하르카) → 〈저 멀리. 아득히 〉

長い(ながい。 나가이) → 〈길다. 멀다. 긴. 먼〉

道程を(みちのりを。 미치노리오) → 道程(도정. 길)+を(목적격. 을) 〈도정을. 길을〉

歩き始めた(あるきはじめた。 아르키 하지메타) → 원형 歩き始める(あるきはじめる。 아르키 하지메르。 걷기 시작하다)의 연용형. 〈걷기 시작했다〉

幸福あれ(しあわせあれ。 시아와세 아레) → 幸福(행복)+あれ(원형 ある-아르。 있다-의 연용형) 〈행복 있기를〉

キャンドルライトの(きゃんどるらいとの。 칸도르 라이토노) → キャドル
(캔들. 촛불)＋ライト(불빛)＋の(격조사. 의) 〈촛불 빛의〉

二人を(ふたりを。 후타리오) → 二人(두 사람)＋を(목적격 조사. 을) 〈두
사람을〉

こうして(고우시테) → 〈이렇게〉

目を(めを。 메오) → 目(눈)＋を(목적격 조사. 을) 〈눈을〉

ほそめてる(細めてる。 호소메테르) → ほそめて(원형 細める－ほそめる。
호소메르。 조그맣게 하다. 작게 하다－의 연용형)＋る(「いる」－이르。
있다－의 축약형) 의역하여 〈(눈을) 가늘게 뜨고 보고 있네〉

少しの(すこしの。 스코시노) → 少し(조금. 약간)＋の(격조사. 의) 〈약간의.
조금의〉

淋しさを(さびしさを。 사비시사오) → 淋しさ(원형 淋しい－さびしい。 사비
시이。 외롭다. 슬프다－의 명사형. 슬픔)＋を(목적격 조사. 을) 〈슬픔을〉

なみだの(涙の。 나미다노) → なみだ(눈물)＋の(격조사. 의) 〈눈물의〉

言葉で(ことばで。 고토바테) → 言葉(말)＋で(수단·방법을 나타내는 격조
사. ～으로. ～로) 〈말로〉

うたいたい(歌いたい。 우타이타이) → うたい(원형 うたう－歌う。 우타우。
노래하다－의 연용형)＋たい(희망을 나타내는 조동사) 〈노래하고 싶다〉

朝の光を(あさのひかりを。 아사노 히카리오) → 朝(아침)＋の(격조사.
의)＋光(광선. 빛)＋を(목적격 조사. 을) 의역하여 〈아침 햇살을〉

体に(からだに。 가라다니) → 体(몸)＋に(격조사. 에) 의역하여 〈몸 전체에〉

浴びて(あびて。 아비테) → 원형 浴びる(あびる。 아비르。 받다. 쬐다. 쐬
다)의 연용형. 〈받고〉

振り返らずに(ふりかえらずに。 후리카에라즈니) → 振り返ら(원형 振り返
る－ふりかえる。 후리카에르。 되돌아 보다－의 미연형)＋ず(앞의 동작
을 부정하는 의미의 조동사)＋に(격조사) 〈돌아보지 말고〉

そのまま(소노마마) → 〈그대로〉

ゆけば(行けば。 유케바) → 원형 ゆく(行く。 유크。 가다)의 가정형. 〈가면〉

よい(良い。 요이) → 〈좋다〉

風に(かぜに。 가제니) → 風(바람)+に(격조사. 에) 〈바람에〉

吹かれても(ふかれても。 후카레테모) → 원형 吹く(ふく。 후크。 불다)의
　　　수동 연용형. 〈날려도〉

雨に(あめに。 아메니) → 雨(비)+に(격조사. 에) 〈비에(를)〉

打たれても(うたれても。 우타레테모) → 원형 打つ(うつ。 우츠。 때리다.
　　　치다)의 수동 연용형. 〈맞아도〉

信じた(しんじた。 신지타) → 원형 信じる(しんじる。 신지르。 신용하다.
　　　믿다)의 연체형. 〈믿었던〉

愛に(あいに。 아이니) → 愛(사랑)+に(격조사. 에) 〈사랑에〉

背を(せを。 세오) → 背(등)+を(목적격 조사. 을) 〈등을〉

向ける(むける。 무케르) → 〈향하다. 대다〉

해   설

　　음악의 대 천재라고 불리우는 長剛(나가부치)는 수많은 힛트 송을 가지고
있습니다.

　　그 중 이 곡은 내용적으로 〈인생의 커다란 무대에 서서 먼 길을 걷기 시작
한 그대에게 행복 있기를〉이라는 의미를 담고 있어 각종 축하 파티 특히 결
혼 축하 노래로서 단연 1위를 차지하는 노래입니다.

　　단지 곡 자체가 고난도 수준이라 숨쉬기 등의 노래 기술이 필요하다고 합
니다. 노래에 자신 있는 분이라면 문제 없겠지만.

23. 昴(스바르)

스바르

谷村 新司 歌　　　　谷村 新司 作詞·作曲

あお　じ　ろきーほ　ほ　の　まーま　で
ここ　ろ　のめーい　ず　る　まーま　に

わ　れは一ゆ　く　　さら　ば　　すばる　よ
わ　れも一ゆ　く　　さら　ば　　すばる　よ

가　　　사

目を 閉じて	메오 도지테
何も 見えず	나니모 미에즈
哀しく	가나시크테
目を 開ければ	메오 아케레바
荒野に 向かう	고오야니 무카우
道より	미치요리
他に	호카니
見えるものは なし	미에르모노와 나시
嗚呼	아아
砕け 散る	구다케 치르
運命の 星たちよ	운메-노 호시타치요
せめて 密やかに	세메테 히소야카니
この 身を	고노미오
照せよ	테라세요

我は 行く	와레와 이크
青白き 頬のままに	아오시로키 호호노마마니
我は 行く	와레와 이크
さらば 昴よ	사라바 스바르요
呼吸を すれば	이키오 스레바
胸の 中	무네노 나카
凩は	고가라시와
吹き 続ける	나키 츠즈케르
されど	사레도
我が 胸は	와가 무네와
熱く	아츠크
夢を	유메오
追い 続けるなり	오이 카케르나리
嗚呼	아아
さんざめく	산자메크
名も 無き	나모 나키
星たちよ	호시타치요
せめて	세메테
鮮やかに	아자야카니
その身を	소노미오
終われよ	오와레요
我は 行く	와레와 이크
心の	고코로노
命じるままに	메이지르마마니
我は 行く	와레와 이크

さらば 昴よ   사라바 스바르요

번 역

눈을 감으니
아무것도 보이지 않고
슬퍼서 눈을 뜨면
황야로 향하는
길 이외에
아무것도
보이는 것은 없다
아아
부서지는
운명의 별들이여
최소한 몰래
이 몸을 비쳐다오
나는 간다
파랗게 질린 뺨채로
나는 간다
안녕 스바르여

숨을 쉬면
가슴 속
매서운 바람은

계속 윙윙

소리를 내네

그렇지만

나의 가슴은 뜨겁게

꿈을 계속 쫓을 뿐

아아

즐겁게 떠드는

이름 없는

별들이여

적어도 선명하게

그 몸을 끝내다오

나는 간다

마음이

명하는 대로

나는 간다

안녕 스바르여

단어 · 어휘 · 문법

目を(めを。 메오) → 目(눈)＋を(목적격 조사. 을) 〈눈을〉

閉じて(とじて。 도지테) → 원형 閉じる(とじる。 도지르。 감다)의 연용
형. 〈감으니〉

何も(なにも。 나니모) → 〈아무것도〉

見えず(みえず。 미에즈) → 見え(원형 見える－みえる。 미에르。 보이다－

의 미연형)＋ず(부정의 조동사) 〈보이지 않고〉

哀しくて(かなしくて。　가나시크테) → 원형은 哀しい(かなしい。　가나시
이。　슬프다) 〈슬퍼서〉

開ければ(あければ。　아케레바) → 원형 開く(あく。　아크。　열다. 뜨다)의
가정형. 〈뜨면〉

荒野に(こうやに。　고오야니) → 荒野(황야)＋に(격조사. 에. 로) 〈황야로〉

向かう(むかう。　무카우) → 〈향하다. 향하는〉

道より(みちより。　미치요리) → 道(도로. 길)＋より(～이외에) 〈길 이외에〉

他に(ほかに。　호카니) → 〈따로. 그 외에. 다른 것은〉

見えるものは(みえるものは。　미에르모노와) → 見える(보이다)＋もの
(것)＋は(격조사. 은) 〈보이는 것은〉

なし(無し。　나시) → 원형 無い(ない。　나이。　없다)의 명사형. 〈없음〉

砕け散る(くだけちる。　구다케치르) → 〈부서지다. 부서지는〉

運命の(うんめいの。　운메이노) → 運命(운명)＋の(격조사. 의) 〈운명의〉

星たちよ(ほしたちよ。　호시타치요) → 星(별)＋たち(복수형・～들)＋よ(감
탄의 종조사) 〈별들이여〉

せめて(세메테) → 〈적어도. 최소한〉

密やかに(ひそやかに。　히소야카니) → 密やか(조용히. 몰래)＋に(격조사)
〈몰래〉

この身を(このみを。　고노미오) → この(이)＋身(몸)＋を(목적격 조사. 을)
〈이 몸을〉

照せよ(せらてよ。　테라세요) → 照せ(원형 照す－てらす。　테라스。　비추
다. 쪼이다－의 명령형. 비춰라)＋よ(종조사) 〈비추어다오〉

我は(われは。　와레와) → 我(나)＋は(격조사. 는) 〈나는〉

行く(いく。　이크) → 〈가다. 간다〉

蒼白き(あおじろき。　아오지로키) → 蒼白い(あおじろい。　아오지로이。　파

랗게 질리다)의 연체형. 〈파랗게 질린〉

頰のままに (ほほのままに。　호호노 마마니)　→　頰(뺨)＋の(격조사. 의)＋ま
　　まに(〜채로. 〜대로) 〈뺨대로〉

さらば (사라바)　→　〈안녕〉

昴よ (すばるよ。　스바르요)　→　昴(별의 이름・스바르)＋よ(종조사) 〈스바르여〉

呼吸を (いきを。　이키오)　→　呼吸(숨)＋を(목적격 조사. 을) 〈숨을〉

すれば (스레바)　→　원형 する(스르. 하다)의 가정형. 〈(숨을) 쉬면〉

胸の中 (むねのなか。　무네노 나카)　→　胸(가슴)＋の(격조사. 의)＋中(속)
　　〈가슴 속〉

凩は (こがらしは。　고가라시와)　→　凩(늦가을에서 초겨울에 걸쳐 부는 차갑
　　고 강한 바람)＋は(격조사. 은) 〈매서운 바람은〉

吹き続ける (なきつづける。　나키츠즈케르)　→　〈계속 윙윙 소리를 내다〉

されど (사레도)　→　〈하지만. 그렇지만〉

我が胸は (わがむねは。　와가 무네와)　→　我が(나의)＋胸(가슴)＋は(격조사.
　　은) 〈나의 가슴은〉

熱く (あつく。　아츠크)　→　원형 熱い(あつい。　아츠이. 뜨겁다)의 연용형.
　　〈뜨겁고. 뜨겁게〉

夢を (ゆめを。　유메오)　→　夢(꿈)＋を(목적격 조사. 을) 〈꿈을〉

追い続けるなり (おいつづけるなり。　오이 츠즈케르 나리)　→　追い続ける(계
　　속 쫓다)＋なり(지정・단정의 의미를 나타내는 조동사) 〈계속 쫓을 뿐〉

さんざめく (산자메크)　→　〈즐겁게 왁자지껄하는. 즐겁게 떠드는〉

名も無き (なもなき。　나모나키)　→　名(이름)＋も(계조사. 도)＋無き(없는)
　　〈이름도 없는〉

鮮やかに (あざやかに。　아자야카니)　→　〈선명하게〉

終われよ (おわれよ。　오와레요)　→　終われ(원형 終わる−おわる。　오와르.

끝나다-의 명령형. 끝내라)+よ(종조사) 〈끝내다오〉

(こころの。 고코로노) → 心(마음)+の(격조사. 의) 〈마음의〉

命ずる(めいずる。 메이즈르) → 〈명령하는. 명하는〉

그룹 アリス(아리스)가 해산한 후 솔러로 데뷔한 谷村 新司의 두 번째 작품으로 일본 국내에서 폭발적인 인기를 불러일으킨 명곡 중의 명곡입니다. 1981년 발표된 이 노래는 현재 Standard Song의 넘버 1으로서 불변의 자리를 확보하고 있습니다.

24. ボクの背中には羽根がある

보쿠노 세나카니와 하네가 아루

(내 등에는 날개가 있어)

KinKi Kids 歌　　松本 隆 作詞

織田 哲郎 作曲

가 사

照れてる 時	테레테루 도키
髪 かきあげる	가미 가키아게루
ボクの 癖を	보쿠노 쿠세오
からかうんだね	가라카운다네
寂しい 午後	사비시이 고고
まばたきを して	마바타키오 시테
ほら こんなに	호라 곤나니
近くに いるよ	치카쿠니 이루요
何かを	나니카오
言い かけて	이이 카케테
海が	우미가
おしゃべりを やめる	오샤베리오 야메루
悩んで	나얀데
沈んだ 日々も	시즌다 히비모
そばに いれば	소바니 이레바
ホッと した	홋토 시타
ずっと 君と	즛-토 기미토
生きて くんだね	이키테 쿤다네
ボクの 背中には	보쿠노 세나카니와
羽根が ある	하네가 아루
どんな 夢も	돈나 유메모

かなう 気が する	가나우 기가 스르
君を 抱いて	기미오 다이테
空も 飛べる	소라모 토베루
嘘じゃ ないよ	우소쟈 나이요
今 しあわせに	이마 시아와세니
触ったみたい	사왓타미타이
好きだ 何て	스키다 난테
声に 出したら	고에니 다시타라
この 空気が	고노 구-키가
ひび 割れるかも	히비 와레루카모
草の におい	쿠사노 니오이
背伸びして 嗅ぐ	세노비시테 카구
そんな とこも	손나 도코모
うり 二つだね	우리 후다츠다네
明るい 笑い声	아카루이 와라이코에
みんな	민나
振り向いて みてる	후리무이테 미테루
ふと 瞳が	후토 메가
あった 瞬間	앗타 슈운칸
何も かもが	나니모 카모가
自由だね	지유다네
ずっと 君と	즛-토 기미토
生きて くんだね	이키테 쿤다네

胸に 頬よせて	무네니 호호요세테
確かめる	다시카메루
どんな 辛い	돈나 츠라이
未来が 来ても	미라이가 기테모
二人 だったら	후타리 닷타라
乗り切れるさ	노리키레루사
嘘じゃ ないよ	우소쟈 나이요
今 優しさに	이마 야사시사니
触った みたい	사왓타 미타이
きっと 君と	깃토 기미토
生きて くんだね	이키테 쿤다네
胸に 頬よせて	무네니 호호요세테
確かめる	다시카메루
どんな 辛い	돈나 츠라이
未来が 来ても	미라이가 기테모
二人 だったら	후타리 닷타라
乗りきれるさ	노리키레루사
ずっと 君と	즛-토 기미토
生きてくんだね	이키테쿤다네
ボクの 背中には	보쿠노 세나카니와
羽根が ある	하네가 아루
どんな 夢も	돈나 유메모
かなう 気が する	가나우 기가 스르
君を 抱いて	기미오 다이테

空も 飛べる	소라모 도베루
嘘じゃ ないよ	우소쟈 나이요
今 しあわせに	이마 시아와세니
触った みたい	사왔타 미타이

 번 역

멋쩍을 때 머리 쓸어 올리는
내 버릇을 놀렸지
외로운 오후 눈을 깜빡거리면
이것 봐 이렇게 가깝게 있어

무언가 말하니
바다가 출렁임을 멈추네
괴롭고 울적한 날에도
곁에 있으면 안심이 되었지

영원히 너와 함께 할꺼야
내 등에는 날개가 있어
어떤 꿈도 이룰 수 있어
너를 안고 하늘도 날 수 있다네
거짓말 아냐
지금 행복을 만진 것 같애

사랑한다고 입 밖에 내면
이 공기가 부서질지도 몰라
향기로운 풀 냄새 까치발로 냄새 맡는
그런 것도 꼭 닮았네

밝고 맑은 웃음소리
모두들 돌아보네
우연히 눈이 마주친 순간
모든 것이 자유가 되지

영원히 너와 함께 할꺼야
가슴에 뺨을 대고 확인하네
어떤 괴로움이 닥쳐도
둘이라면 이겨낼 수 있어
거짓말 아냐
지금 안온함을 만진 것 같애

정말 너와 함께 할꺼야
가슴에 뺨을 대고 확인하네
어떤 괴로움이 닥쳐도
둘이라면 이겨낼 수 있어

영원히 너와 함께 할꺼야
내 등에는 날개가 있어
어떤 꿈도 이룰 수 있어
너를 안고 하늘도 날 수 있다네

거짓말 아냐

지금 행복을 만진 것 같애

단어 · 어휘 · 문법

照れてる(てれてる。 테레테루) → 照れている(테레테이루)의 회화체. 〈어색
    해 하다. 쑥쓰러워 하다〉

とき(時。 도키) → 〈때〉

髪(かみ。 가미) → 〈머리카락〉

かきあげる(掻き上げる。 가키아게루) → 〈쓸어 올리다〉

ぼく(僕。 보크) → 1인칭 주격 호칭의 남성어 〈나〉 이에 대응하는 여성어
    는 わたし(와타시)

の(노) → 소유격 조사 〈의〉

癖(くせ。 쿠세) → 〈버릇. 습관〉

を(오) → 목적격 조사 〈을. 를〉

からかうんだね(揶揄う。 카라카운다네) → 원형은 からかう(카라카우. 놀
    리다). 〈놀렸다네〉

寂しい(寂しい。 사비시이) → 〈쓸쓸하다. 적막하다. 외롭다〉

午後(ごご。 고고) → 〈오후〉 반대어는 午前(ごぜん。 고젠)

まばたき(瞬き。 마바타키) → 〈눈을 깜빡거리다〉

して(시테) → 원형은 する(스루。 하다). 〈~하고, ~하면〉

ほら(호라) → 상대방의 주의를 끌기 위해 하는 말. 〈이것 봐. 자〉

こんなに(곤나니) → このように(고노요우니)의 회화체. 〈이렇게. 이처럼〉

近くに(ちかくに。 치카쿠니) → 〈가깝게. 가까운 곳에〉

いるよ(이루요) → いる(이루。 있다)에 어미를 부드럽게 바꾸는 회회체 접
    미어 よ가 첨가. 〈있어. 있다네〉

何かを(なにかを。 나니카오) → 何か(무엇인가)＋を(목적격 조사. 를)。
    〈무언가. 뭔가를〉

言いかけて(いいかけて。 이이카케테) → 〈말하기 시작하여. 말하기 시작하
    니. 말하니〉

海が(うみが。 우미가) → 海(바다)＋が(주격 조사. 가) 〈바다가〉

おしゃべりを(오샤베리오) → おしゃべり(수다)＋を(목적격 조사. 를) 〈이
    야기를. 수다를〉 여기서는 주체가 바다이기 때문에 〈출렁임〉이라고 의역
    했음.

やめる(止める。 야메루) → 〈그만두다. 멈추다〉

悩んで(なやんで。 나얀데) → 원형 悩む(なやむ。 나야무. 고민하다)의 연
    용형。 〈고민하고. 괴롭고〉

沈んだ(しずんだ。 시즌다) → 원형 沈む(しずむ。 시즈무. 침체하다)의 연
    용형。 〈침체한. 침울한. 울적한〉

日々も(ひびも。 히비모) → 日々(나날)＋も(조사. 도) 〈나날도. 날들도〉

そばに(側に。 소바니) → そば(곁. 옆)＋に(조사. 에) 〈옆에. 곁에〉

いれば(이레바) → 원형은 いる(이루。 있다) 〈있다면. 있으면〉

ホッとした(홋토시타) → 히라가나로는 ほっとした인데 ほっ를 가타카나ホ
    ッ로 표기 함으로서 강조의 의미를 포함. 〈안심했다. 안심되었다〉

ずっと(즛토) → 〈계속. 영원히〉

君と(きみと。 기미토) → 君(그대)＋と(병렬형 조사. 와) 〈그대와. 너와〉

生きてくんだね(いきてくんだね。 이키테쿤다네) → 生きてくん(원형은 生
    きて行く－ いきていく。 이키테이쿠. 살아가다－의 회화체)＋だね(회화

체접미어) (살아갈 꺼야) 이곳에서는 의역을 하여 〈함께 할꺼야〉로 함.

背中には(せなかには。 세나카니와) → 背中(등)＋には(격조사. 에는) 〈등에는〉

羽根が(はねが。 하네가) → はね(날개)＋が(주격 조사. 가) 〈날개가〉

ある(아루) → 〈있다〉

どんな(돈나) → 〈어떠한〉

夢も(ゆめも。 유메모) → ゆめ(꿈)＋も(조사. 도) 〈꿈도〉

かなう(適う。 가나우) → 원형은 (이루다). 이곳에서는 연체형이므로 〈이룰. 이룰 수 있는〉

気がする(きがする。 키가스르) → 気(생각)＋が(주격 조사. 이)＋する(나다) 〈~한 생각이 들다〉

抱いて(だいて。 다이테) → 원형은 抱く(だく。 다쿠. 안다) 〈안고〉

空も(そらも。 소라모) → そら(하늘)＋も(조사. 도) 〈하늘도〉

飛べる(とべる。 토베루) → 원형은 飛ぶ(とぶ。 토부. 날다) 〈나를 수 있다〉

嘘じゃないよ(うそじゃないよ。 우소쟈나이요) → 嘘(거짓말)＋じゃない(아니다)＋よ (회화체 접미어) 〈거짓말 아냐〉

今(いま。 이마) → 〈지금〉

しあわせに(幸せに。 시아와세니) → しあわせ(행복)＋に(격조사. 을) 〈행복에. 행복을〉

触ったみたい(さわったみたい。 사왓타미타이) → 触った(원형은 触る－さわる。 사와루。 만지다)＋みたい(~것 같다)。 〈만진 것 같다〉

好きだ何て(すきだなんて。 스키다난테) → 好きだ(좋아한다)＋何て(라고) 〈좋아한다고〉

声に(こえに。 고에니) → 声(목소리)＋に(격조사. 로) (목소리로) 이곳에서는 의역하여 〈입 밖에〉

出したら(だしたら。 다시타라) → 원형 出す(だす。 다스。 내다)의 가정
　　형. 〈내면. 꺼내면〉

空気が(くうきが。 쿠우키가) → 空気(공기)＋が(조사. 가) 〈공기가〉

ひび割れるかも(ひびわれるかも。 히비와레루카모) → ひびわれる(깨어지
　　다)＋かも(가정형 조사 ～지도. 뒤에 知れない가 생략) 〈깨어질지도 몰
　　라. 부서질지도 몰라〉

草(くさ。 쿠사) → 〈풀〉

の(노) → 소유격 조사 노. 〈의〉

におい(匂い。 니오이) → 〈냄새〉

背伸びして(せのびして。 세노비시테) → 背伸び(까치발)＋して(원형 する
　　의 연용형) 〈발을 치켜들고. 까치발로〉

嗅ぐ(かぐ。 카구) → 〈냄새 맡다〉

そんなとこも(손나토코모) → そんな(그러한의 회화체. 그런)＋とこ
　　(것)＋も(조사 도) 〈그런 것도〉

うり二つだね(うりふたつだね。 우리후타츠다네) → うり二つ(둘이 똑같
　　다)＋だ(종지형)＋ね(회화체 접미어) 〈똑같다. 닮았다〉

明るい(あかるい。 아카루이) → 〈밝다. 밝은〉

笑い声(わらいこえ。 와라이코에) → 笑い(웃음)＋声(소리) 〈웃음소리〉

みんな(민나) → 〈모두들〉

振り向いて(ふりむいて。 후리무이테) → 원형은 振り向く(ふりむく。 후리
　　무쿠。 뒤를 돌아보다) 〈돌아(보다)〉

みてる(見てる。 미테루) → 見ている(みている。 미테이루)의 회화체. 〈보
　　고 있네〉

ふと(후토) → 〈생각치도 않게. 언뜻〉

瞳が(ひとみが。 히토미가) → 瞳(눈동자)＋が(주격 조사. 가) 이곳에서는

瞳 (ひとみ)라고 쓰고 目(め。 메)로 발음하고 있음. 〈눈이〉

あった瞬間(あったしゅんかん。 앗타슈운칸) → あった(원형은 合う−あう。
아우. 마주 치다−의 연용형. 마주친)+瞬間(순간) 〈마주친 순간〉

何もかもが(なにもかもが。 나니모카모가) → 〈모든 것들이〉

自由だね(じゆうだね。 지유다네) → 自由(자유)+だ(종지형. 다)+ね(회화
체 접미어. 네) 〈자유라네〉

胸に(むねに。 무네니) → 胸(가슴)+に(조사. 에) 〈가슴에〉

頬(ほお。 호오) → 〈뺨〉

よせて(寄せて。 요세테) → 원형은 寄せる(よせる。 요세루。 가깝게 가다.
가까이 대다) 〈가깝게 대고〉

確かめる(たしかめる。 다시카메루) → 〈확인하다〉

辛い(つらい。 츠라이) → 동사는 (힘들다). 형용사는 (힘든. 어려운. 괴로
운). 이곳에서는 형용사로 쓰이고 있다. 〈괴로운〉

未来が(みらいが。 미라이가) → 未来(미래)+が(주격 조사. 가) 〈미래가〉

来ても(きても。 기테모) → 来て(원형 来る의 연용형)+も(조사. 도) (와
도) 이곳에서는 의역하여 〈닥쳐도〉

二人だったら(ふたりだったら。 후타리닷타라) → 二人(둘)+だったら(가정
형. 이라면) 〈둘이라면〉

乗りきれるさ(のりきれるさ。 노리키레루사) → 乗りきれる(이겨내다. 극복
하다)+さ(회화체 종지형) 〈넘어갈 수 있어. 이겨낼 수 있어〉

優しさに(やさしさに。 야사시사니) → 優しさ(따뜻하다)+に(격조사. 에)
〈부드러움에. 따뜻함에. 안온함에〉

きっと(깃토) → 〈어김없이. 확실히. 틀림없이. 정말〉

　　2001년 5월에 막을 내린 텔레비전 연속극 「愛犬 ロシナンテェの災難(애견 로시난테의 재난)」의 주제곡으로 크게 힛트한 곡입니다.

　　이 노래를 부른 두 명의 청년 Kinki Kids는 텔레비전의 드라마, 오락프로 등 폭 넓게 활약하는 탈랜트로 젊은 층의 많은 팬을 가지고 있는 인기 그룹 입니다.

　　타이완을 비롯한 동남 아시아 순회 공연에서는 극성 여성 팬들의 등살에 타고 간 승용차가 주차한 상태에서 뒤집혀지는 등 과열의 인기현상을 보였다 고 합니다.

25. 明日があるさ (내일이 있잖아)

아시타가 아루사

坂本 九 歌

あした＿があるさ あすがあるわかい＿ぼくには ゆめがある い

つか＿きっと いつか＿きっと わかっ＿てくれるだろう　あ

した＿がある あ した＿があるあ したがあ＿る＿さ

🎤 **가　사**

いつもの 駅で	이츠모노 에키데
いつも 逢う	이츠모 아우
セーラー服の	세라후크노
お下げ 髪	오사게 가미
もう くる頃	모- 구르코로
もう くる頃	모- 구르코로
今日も 待ちぼうけ	쿄오모 마치보오케

明日が ある	아시타가 아르
明日が ある	아시타가 아르
明日が あるさ	아시타가 아루사

ぬれてる あの娘	누레테르 아노코
コウモリへ	고오모리에
誘って あげよと	사솟테 아게요토
待っている	맛테이르
声 かけよう	고에 가케요오
声 かけよう	고에 가케요오
黙って	다맛테
見てる 僕	미테르 보크
明日が ある	아시타가 아르
明日が ある	아시타가 아르
明日が あるさ	아시타가 아루사

今日こそはと	쿄오-코소와토
待ちうけて	마치우케테
後ろ 姿を	우시로 스가타오
つけて ゆく	츠게테 유크
あの 角まで	아노 가도마테
あの 角まで	아노 가도마테
今日は	쿄오-와
もう やめた	모오 야메타
明日が ある	아시타가 아르
明日が ある	아시타가 아르

明日が あるさ	아시타가 아루사
思いきって	오모이킷테
ダイヤルを	다이야르오
震える 指で	후르에르 유비데
回したよ	마와시타요
ベルが なるよ	베르가 나르요
ベルが なるよ	베르가 나르요
ベルまで	베르마데
待ってぬ 僕	맛테누 보크
明日が ある	아시타가 아르
明日が ある	아시타가 아르
明日が あるさ	아시타가 아루사

はじめて 行った	하지메테 잇타
喫茶店	깃사텡
だった 一言	닷타 히토코토
好きですと	스키데스토
ここまで 出て	고코마데 데테
ここまで 出て	고코마데 데테
とうとう	토오토오
言えぬ 僕	이에누 보크
明日が ある	아시타가 아르
明日が ある	아시타가 아르
明日が あるさ	아시타가 아루사

明日が あるさ	아시타가 아루사

明日が ある	아스가 아르
若い 僕には	와카이 보크니와
夢が ある	유메가 아르
いつか きっと	이츠카 깃토
いつか きっと	이츠카 깃토
わかって	와캇테
くれる だろう	구레르 다로오
明日が ある	아시타가 아르
明日が ある	아시타가 아르
明日が あるさ	아시타가 아루사

 번 역

같은 역에서
언제나 만나는
세라복에 단발머리
금방 올 때쯤
금방 올 때쯤
오늘도 계속 기다리네
내일이 있다
내일이 있다
내일이 있잖아

젖은 그녀를

고우모리에
청하려고
기다리고 있네
말을 걸자
말을 걸자
아무 말 못하고
보고 있는 나
내일이 있다
내일이 있다
내일이 있잖아

오늘만큼은 이라고
기다렸다가
뒷모습을
따라가네
저 모퉁이까지
저 모퉁이까지
오늘은 포기했다
내일이 있다
내일이 있다
내일이 있잖아

마음 굳게 먹고
다이얼을
떨리는 손으로
돌렸다네

벨이 울리네

벨이 울리네

나올 때까지

못 기다리는 나

내일이 있다

내일이 있다

내일이 있잖아

처음으로 간

찻집

단 한 마디

좋아해요 라고

여기까지 나오고는

여기까지 나오고는

결국

말 못하는 나

내일이 있다

내일이 있다

내일이 있잖아

내일이 있잖아

내일이 있다

젊은 나에게는

꿈이 있다

언젠가 반드시

언젠가 반드시

알아주겠지

내일이 있다

내일이 있다

내일이 있잖아

단어 · 어휘 · 문법

いつもの(이츠모노) → 〈언제나 같은〉

駅で(えきで。 에키데) → 駅(역)＋で(장소를 나타내는 격조사. 에서) 〈역에서〉

いつも(이츠모) → 〈언제나〉

逢う(あう。 아우) → 〈만나다. 만나는〉

セーラー服の(せーらーふくの。 세라후크노) → セーラー服(세라복)＋の(격조사.의) 〈세라복의〉

お下げ髪(おさげがみ。 오사게 가미) → 〈단발 머리〉

もう(모오) → 〈벌써. 곧. 금방〉

くる頃(来るころ。 구르코로) → くる(오다)＋頃(때. 즈음) 〈올 때〉

今日も(きょうも。 쿄오-모) → 今日(오늘)＋も(계조사. 도) 〈오늘도〉

待ちぼうけ(まちぼうけ。 마치보오케) → 〈아무리 기다려도 사람이 안오는 상태. 계속 기다리다〉

明日が(あしたが。 아시타가) → 明日(내일)＋が(계조사. 가) 〈내일이〉

ある(아르) → 〈있다〉

あるさ(아루사) → ある(있다)＋さ(종조사) 〈있잖아〉

ぬれてる(濡れてる。 누레테르) → ぬれて(원형 濡れる－ぬれる。 누레르。 젖다－의 연용형)＋る(「いる」의 줄임말) 〈젖어 있는. 젖은〉

あの娘(あのこ。 아노코) → あの(저)＋娘(여자 아이) 〈그녀〉

コウモリへ(こうもりへ。 고오모리에) → コウモリ(찻집의 이름)＋へ(방향을 나타내는 격조사. ～로) 〈고오모리로〉

さそってあげよと(誘ってあげよと。 사숫테 아게요토) → さそって(원형 さそう－誘う。사소우。 꼬시다. 유혹하다. 청하다－의 연용형)＋あげよ(원형 あげる－上げる。 아게르。 ～해주다－의 연용형)＋と(～라고) 〈청하려고〉

待っている(まっている。 맛테이르) → 待って(원형 待つ－まつ。 마츠。 마츠。 기다리다－의 연용형)＋いる(있다) 〈기다리고 있다〉

声かけよう(こえかけよう。 고에카케요오) → 声(목소리)＋かけよう(원형 かける－掛ける。 가케르。 걸다－의 연용형) 〈말 걸자〉

だまって(黙って。 다맛테) → 원형 だまる(黙る。 다마르。 묵묵히 있다. 입 다물다. 아무말 못하다)의 연용형. 〈아무말 못하고〉

みてる(見てる。미테르) → みて(원형 みる－見る。 미르。 보다－의 연용형)＋る (「いる」의 줄임말) 〈보고 있다〉

僕(ぼく。 보크) → 남성어 〈나〉

今日こそはと(きょうこそはと。 쿄오-코소와토) → 今日(오늘)＋こそ(이야말로)＋は (격조사. 은)＋と(～라고) 〈오늘이야말로 라고〉

待ちうけて(まちうけて。 마치우케테) → 원형 待ちうける(まちうける。 마치 우케르。 기다리고 있다)의 연용형. 〈기다렸다가〉

後ろ姿を(うしろすがたを。 우시로 스가타오) → 後ろ姿(뒷모습)＋を(목적격 조사. 을) 〈뒷모습을〉

つけて行く(つけてゆく。 츠케테 유크) → つけて(원형 つく－付く。 츠

크。 따르다. 붙다－의 연용형)＋行く(가다) 〈따라 가다〉

あの角まで(あのかどまで。 아노 가도마데) → あの(저)＋角(모퉁이)＋まで(까지) 〈저 모퉁이까지〉

やめた(止めた。 야메타) → 원형 やめる(止める。 야메르。 그만두다. 끝내다. 포기하다)의 과거 연용형. 〈포기했다〉

思いきって(おもいきって。 오모이 깃테) → 원형 思いきる(おもいきる。 오모이키르。 마음을 굳게 먹다)의 연용형. 〈마음 굳게 먹고〉

ダイヤルを(だいやるを。 다이야르오) → ダイヤル(다이얼)＋を(목적격 조사. 을) 〈다이얼을〉

震える(ふるえる。 후르에르) → 〈떨리다. 떨리는〉

指で(ゆびで。 유비데) → 指(손가락. 손)＋で(수단·방법을 나타내는 격조사. 으로) 〈손으로〉

回したよ(まわしたよ。 마와시타요) → 回したよ(원형 回す－まわす。 마와스。 돌리다－의 과거 연용형)＋よ(종조사) 〈돌렸다오〉

ベルが(べるが。 베르가) → ベル(벨)＋が(계조사. 이) 〈벨이〉

なるよ(鳴るよ。 나르요) → なる(울리다. 나다)＋よ(종조사) 〈울리네〉

出るまで(でるまで。 데르마데) → 出る(나오다)＋まで(～까지) 〈나올 때까지〉

待てぬ(まてぬ。 마테느) → 待て(원형 待つ－まつ。 마츠。 기다리다－의 미연형)＋ぬ(부정의 조동사) 〈못 기다리다. 못 기다리는〉

初めて(はじめて。 하지메테) → 〈처음으로〉

行った(いった。 잇타) → 원형 行く(いく。 이크。 가다)의 연체형 〈갔던. 간〉

喫茶店(きっさてん。 깃사텡) → 〈찻집〉

たった(닷타) → 〈단지. 오직〉

一言(ひとこと。 히토코토) → 〈한 마디〉

好きですと(すきですと。 스키데스토) → 好きです(좋아합니다. 좋아해요) +
　　と(〜라고) 〈좋아해요라고〉

ここまで(고코마데) → ここ(여기. 이곳) +まで(〜까지) 〈여기까지〉

出て(でて。 데테) → 원형 出る(でる。 데르。 나오다)의 연용형. 〈나와서.
　　나오고는〉

とうとう(토오토오) → 〈결국〉

言えぬ(いえぬ。 이에누) → 言え(원형 言う−いう。 이우。 말하다−의 미
　　연형) +ぬ(부정의 조동사) 〈말 못하는〉

若い(わかい。 와카이) → 〈젊다. 젊은〉

夢が(ゆめが。 유메가) → 夢(꿈) +が(계조사. 이) 〈꿈이〉

いつか(이츠카) → 〈언젠가〉

きっと(깃토) → 〈반드시. 꼭〉

わかってくれるだろう(解ってくれるだろう。 와캇테 구레르 다로오) → わ
　　かって(원형 わかる−解る。 와카르。 깨닫다. 알다−의 연용형) +くれ
　　る(주다) +だろう(추측의 조동사) 〈알아 주겠지〉

해　설

　이 노래는 요즈음 일본에서 유행하는 노래 중의 하나입니다. 가장 처음에
소개한 〈上を向いて歩こう(위를 보고 걷자)〉를 부른 坂本 九가 1963년에 부
른 노래입니다. 그는 이미 세상을 타계하였습니다만 이 노래가 2001년 3월에
리바이벌되어 대 힛트를 맞이하였습니다.

그 덕분에 이 노래를 주제곡으로 4월 21일 시작한 일본 텔레비전계의 연속 드라마 〈明日があるさ(내일이 있잖아)〉가 29퍼센트라고 하는 높은 시청률을 보이며 호조의 스타트를 보이고 있습니다.

이 곡의 가사는 무척 많이 있습니다. 부르는 사람의 처해진 환경에 따라 즉각적으로 작사하여 부르는 것이지요. 밝은 멜로디와 내일이 있다고 하는 희망찬 제목이 매력 포인트가 아닌가 생각합니다.

필자가 가르치는 여자 대학의 학생들에게 한국사람에게 알리고 싶은 노래가 무엇이냐고 물었더니 이 노래가 일약 1위 였습니다.

여러분들도 밝고 희망찬 일본의 뉴-뮤직을 음미해 보세요.

26. 珍島物語(진도 이야기)

진도 모노가타리

天童 よしみ　歌　　中山 大三郎　作詞·作曲

うみがわれるの よ　　みちができるの よ

しまとしまと が　　つながる の

こちらチンドか ら　　あちらモドリま で

うみのかみ さま　　カムサハムニ ダ

ヨンドンサリ の　　ねがいは ひと 一つ一

ちりちり一に なった　　かぞくのであい

ねえ わたしこ こ一で い 一のっているの

あ 一なたと の あいよ ふ 一たたびと

가   사

海が	우미가
割れるのよ	와레르노요
道が	미치가
できるのよ	데키르노요
島と 島とが	시마토 시마토가
つながるの	츠나가르노
こちら 珍島から	고치라 진도카라
あちら 茅島里まご	아치라 모도리마데
海の 神様	우미노 가미사마
カムサハムニダ	가므사하므니다
靈登サリの	영동사리노
願いは ひとつ	네가이와 히토츠
散り 散りに なった	치리 치니 낫타
家族の 出会い	가죠크노 데가이
ねえ	네에
わたし ここで	와타시 고코데
祈って いるの	네갓테 이르노
あなたとの	아나타토노
愛よ	아이요
ふたたびと	후타타비토
遠く	토오크
はなれても	하나레데모

こころ	고코로
あたたかく	아타타카크
あなた 信じて	아나타 신지테
暮らします	구라시마스
そうよ いつの日か	소우요 이츠노히카
きっと 会えますね	깃토 아에마스네
海の 神様	우미노 가미사마
カムサハムニダ	가므사하므니다
ふたつの 島を	후타츠노 시마오
つないだ 道よ	츠나이다 미치요
はるかに 遠い	하루카니 토오이
北へと つづけ	기타에토 츠즈케
ねえ	네에
とても 好きよ	도테모 스키요
死ぬほど	시느호도
好きよ	스키요
あなたとの	아나타토노
愛よ	아이요
とこしえに	도코시에니
靈登サリの	영동사리노
願いは ひとつ	네가이와 히토츠
散り 散りに なった	치리 치리니 낫타
家族の 出会い	가죠크노 데아이
ねえ	네에
わたし ここで	와타시 고코데

祈って いるの	이놋테 이르노
あなたとの	아나타토노
愛よ	아이요
ふたたびと	후타타비토

번 역

바다가 갈라진다오

길이 생긴다오

섬과 섬이

연결된다오

이곳 진도에서

저쪽 모도리까지

바다의 신이시여

감사합니다

영등 살이의

바램은 하나

여기 저기로 헤어져 버린

가족과의 만남

네

나는 여기서

기도하고 있다오

당신과의

사랑이여

다시 한번이라고

멀리 헤어졌어도
마음은 따뜻하고
당신을 믿고
살고 있습니다
그래요 언젠가
반드시 만날 수 있겠지요
바다의 신이시여
감사합니다
두 섬을
연결한 길이여
아득히 멀리
북으로 뻗어라
네

演歌の女王・天童よしみ

정말로 좋아해요
죽을 만큼 좋아해요
당신과의
사랑이여
영원하기를

영등 살이의
바램은 하나
여기 저기로 헤어진
가족과의 만남
네

나는 여기서

기도하고 있다오

당신과의

사랑이여

다시 한번이라고

단어 · 어휘 · 문법

海が(うみが。 우미가) → 海(바다)+が(계조사. 가) 〈바다가〉

割れるのよ(われるのよ。 와레르노요) → 割れる(깨지다. 떨어지다. 갈라지다)+の(종조사)+よ(종조사) 〈갈라진다오〉

道が(みちが。 미치가) → 道(길)+が(계조사. 이) 〈길이〉

できるのよ(出きるのよ。 데키르노요) → できる(생기다)+の(종조사)+よ(종조사) 〈생긴다오〉

島とが(しまとが。 시마토가) → 島(섬)+と(～와. ～과)+が(계조사. 이) 〈섬이〉

つながるの(繋がるの。 츠나가르노) → つながる(연결하다. 잇다)+の(종조사) 〈연결된다오〉

こちら(고치라) → 〈이 쪽. 이 곳〉

珍島から(ちんどから。 진도카라) → 珍島(한국의 섬 진도를 일컬음)+から(～부터) 〈진도부터〉

あちら(아치라) → 〈저 곳. 저 쪽〉

茅島里まで(もどりまで。 모도리마데) → 茅島里(모도리)+まで(～까지) 〈모도리까지〉

神様(かみさま。 가미사마) → 〈신〉

カムサハムニダ(かむさはむにだ。 가므사하므니다) → 한국어 (감사합니다)
의 일본 발음. 〈감사 합니다〉

靈登サリの(영등사리노) → 靈登(영등)＋サリ(한국어・살이)＋の(격조사)
〈영등살이의〉

願いは(ねがいは。 네가이와) → 願い(원함. 소망. 바램)＋は(격조사. 은)
〈바램은〉

ひとつ(一つ。 히토츠) → 〈하나〉

散りになった(ちりになった。 치리니낫타) → 散り(원형 散る－ちる。 치
르。 흩어지다. 헤어지다. 따로따로 떨어지다－의 연용형)＋になった
(～로 된) 〈따로따로 헤어진〉

家族の(かぞくの。 가죠크노) → 家族(가족)＋の(격조사. 의) 〈가족의〉

出会い(であい。 데아이) → 〈만남〉

わたし(私。 와타시) → 〈나〉

ここで(고코데) → ここ(여기. 이 곳)＋で(장소를 나타내는 격조사) 〈여기서〉

祈っているの(いのっているの。 이놋테 이르노) → 祈って(원형 祈る－いの
る。 이노르。 기원하다. 기도하다. 빌다－의 연용형)＋いる(있다)＋の
(종조사) 〈기도하고 있다오〉

あなたとの(아나타토노) → あなた(그대. 당신)＋と(～과)＋の(격조사. 의)
〈당신과의〉

愛よ(あいよ。 아이요) → 愛(사랑)＋よ(감탄의 종조사) 〈사랑이여〉

ふたたびと(再びと。 후타타비토) → ふたたび(재차. 다시)＋と(～라고) 〈다
시 한번이라고〉

遠く(とおく。 토오크) → 원형 遠い(とおい。 토오이。 멀다. 먼)의 부사형.
〈멀리〉

はなれても(離れても。 하나레테모) → はなれて(원형 離れる－はなれる。
하나레르。 헤어지다. 떨어지다. 갈라지다－의 연용형)＋も(계조사. 도)
〈헤어졌어도〉

こころ(心。 고코로) → 〈마음〉

あたたかく(暖かく。 아타타카크) → 원형 暖かい(あたたかい。 아타타카
이。 따뜻하다. 훈훈하다)의 연용형. 〈따뜻하고〉

信じて(しんじて。 신지테) → 원형 信じる(しんじる。 신지르。 믿다. 신뢰
하다)의 연용형. 〈믿고〉

暮らします(くらします。 구라시마스) → 원형 暮らす(くらす。 구라스。
생활하다. 살다)의 정중한 표현. 〈삽니다. 살아갑니다. 살고 있습니다〉

そうよ(소우요) → 〈그래요〉

いつの日か(いつのひか。 이츠노히카) → 〈언젠가〉

きっと(깃토) → 〈반드시. 꼭〉

会えますね(あえますね。 아에마스네) → 会えます(원형 会える－あえる。
아에르。 만날 수 있다－의 정중한 표현)＋ね(자신의 의지를 상대방에게
확인시키는 의미의 종조사) 〈만날 수 있겠지요〉

ふたつの(二つの。 후타츠노) → ふたつ(둘)＋の(격조사. 의) 〈둘의〉

島を(しまを。 시마오) → 島(섬)＋を(목적격 조사. 을) 〈섬을〉

つないた道よ(繋いだみちよ。 츠나이다 미치요) → つないだ(원형 つなぐ－
繋ぐ。 츠나그。 연결하다. 잇다－의 연체형)＋道(길)＋よ(종조사) 〈연
결한 길이여〉

はるかに(遥かに。 하르카니) → 〈아득히〉

北へと(きたへと。 기타헤토) → 北(북. 북쪽)＋へ(방향을 나타내는 격조
사)＋と(앞의 내용을 확정시키는 의미의 격조사) 〈북으로〉

つづけ(続け。 츠즈케) → 원형 続く(つづく。 츠즈크。 계속하다)의 명령
형. 의역하여 〈뻗어라〉

とても(도테모) → 〈참으로. 너무 너무. 정말로〉

好きよ(すきよ。 스키요) → 好き(좋다. 좋아하다)＋よ(종조사) 〈좋아해요〉

死ぬほど(しぬほど。 시누호도) → 死ぬ(죽다)＋ほど(～만큼. ～정도) 〈죽을
　만큼〉

とこしえに(永久に。 도코시에니) → 〈영원하기를〉

해　설

　이 노래를 부른 天童 よしみ는 〈어린이 음악 대회〉출신의 실력파 가수입니
다. 더우기 〈전 일본 가요 선수권 대회〉에서 프로와 아마츄어를 막론하고 대
결하여 10주 연속 우승이라는 신기록으로 1972년 13살의 어린 나이로 데뷔
하였습니다. 특히 珍島物語(진도 이야기)가 그녀의 대표 곡이라고 할 수 있겠
습니다.

　일본의 연예계에는 재일 동포가 많이 있습니다만 그들은 자신이 한국 출신
이라는 것을 밝히지 않습니다. 그 이유는 현재를 살고 있는 여러분이 생각해
볼 숙제입니다.

　그러나 이 곡 속에 한국의 지명이 그대로 사용되고 있는 점과 〈감사합니다〉
라고 하는 한국말이 사용되고 있는 점등으로 보아, 그리고 내용 자체가 분단
된 우리나라의 통일을 염원하는 맥락이라는 점으로 보아 그녀, 혹은 작사가가
재일 동포라고 하는 추측은 부정할 수 없습니다.

　중요한 점은 이러한 내용과 언어를 사용한 이 노래가 일본에서 대 힛트를
했다고 하는 것입니다. 그 만큼 일본에서는 한국에 관한 이야기를 솔직하게
받아들이고 있다는 것을 반증한다고나 할까요?

27. 雀の涙 (참새의 눈물)

스즈메노 나미다

桂 銀淑 歌　　荒木 とよひさ 作詞

浜 圭介 作曲

가 사

世の 中で	요노 나카데
あんたが	안타가
一番	이치방
好きただったけれど	스키닷타케레도
追いかけて	오이카케테
すがりつき	스가리츠키
泣いても	나이테모
みじめに なるだけ	미지메니 나르다케
幸福を 窓に	시아와세오 마도니
閉じこめて	도지코메테
飼いならして みても	가이나라시테 미테모
悲しみが	가나시미가
胸の 隙間から	무네노 스키마카라
忍び 込んで くる	시노비 콘데 구르
たかが 人生	다카가 진세이
なりゆき まかせ	나리유키 마카세
男 なんかは	오토코 난카와
星の 数ほど	호시노 카즈호도
泥んこに	도롱코니
なる まえに	나르 마에니
綺麗に	기레이니
あばよ	아바요
好きで	스키데

いる うちに	이르 우치니
許して	유르시테
あばよ	아바요
もし 今度	모시 곤도
生まれて くるなら	우마레테 그르나라
孔雀より すずめ	구쟈크요리 스즈메
口紅も	구치베니모
香水も	고ー스이모
つけないで	츠케나이데
誰かと くらすわ	다레카토 구라스와
色づいた	이로즈이타
夢を みるよりも	유메오 미르요리모
ささやかでも	사사야카데모
いいの	이이노
あたしだけ	아타시다케
飛べる 青空を	토베르 아오조라오
持ってる 人ならば	못테르 히토나라바
たかが 人生	다카가 진세이
綺麗な ときは	기레이나 토키와
花より もっと	하나요리 못토
短い はずね	미지카이 하즈네
酔いどれに	요이도레니
なる まえに	나르 마에니
背中に あばよ	세나카니 아바요
好きで	스키데

いる うちに　　　　　이르 우치니
許して　　　　　　　유르시테
あばよ　　　　　　　아바요

たかが 人生　　　　　다카가 진세이
なりゆき まかせ　　　나리유키마카세
男 なんかは　　　　　오토코 난카와
星の 数ほど　　　　　호시노 가즈호도
泥んこに　　　　　　도롱코니
なる まえに　　　　　나르 마에니
綺麗に　　　　　　　기레이니
あばよ　　　　　　　아바요
好きで　　　　　　　스키데
いる うちに　　　　　이르 우치니
許して　　　　　　　유르시테
あばよ　　　　　　　아바요
許して　　　　　　　유르시테
あばよ　　　　　　　아바요

번역

이 세상에서
당신이
제일 좋았었지만

쫓아가 매달려

울어도

비참하게 될 뿐

행복을 창에

가두어서

길들여보았지만

슬픔이

가슴의 틈새로

헤집고 들어오네

그 까짓 인생

되는 대로 내버려둬

그 까짓 남자는

별들의 수만큼

진흙탕이

되기 전에

깨끗하게

안녕

아직 좋아할 때

용서해요 안녕

만일 다음에

태어난다면

공작보다 참새

립스틱도

향수도

바르지 말고

누군가와 살겠어

색깔 있는

꿈을 꾸기보다

하찮아도 좋아

나만이 나를 수 있는

창공을

가지고 있는 사람이라면

그 까짓 인생

예쁠 때는

꽃보다도 훨씬

짧을꺼야

곤드레로 취하기 전에

등에 대고

안녕

아직 좋아할 때

용서해요

안녕

그 까짓 인생

되는 대로 내버려둬

남자 정도

별들의 수만큼

진흙탕이

되기 전에

깨끗하게

안녕

아직 좋아할 때

용서해요 안녕

용서해요 안녕

단어 · 어휘 · 문법

世の中で(よのなかで。 요노나카데) → 世(세상)＋の(격조사. 의)＋中(중.
속)＋で(장소를 나타내는 격조사) 〈이 세상에서〉

あんたが(안타가) → あんた(あなた-貴方。 아나타。 당신. 그대-의 줄임
말)＋が(계조사. 이) 〈당신이〉

一番(いちばん。 이치방) → 〈제일. 가장〉

好きだったけれど(すきだったけれど。 스키닷타케레도) → 好き(좋다. 좋아
하다)＋だった(だ의 과거형. ~였었다)＋けれど(접속 조사. ~지만) 〈좋
았었지만〉

追いかけて(おいかけて。 오이카케테) → 원형 追いかける(おいかける。 오
이카케르。 뒤쫓아가다)의 연용형. 〈쫓아가(서)〉

すがりつき(縋り付き。 스가리츠키) → 원형 すがりつく(縋り付く。 스가리
츠크。 매달리다)의 연용형. 〈매달려〉

泣いても(ないても。 나이테모) → 泣いて(원형 泣く-なく。 나크。 울
다-의 연용형)＋も(계조사. ~도) 〈울어도〉

みじめに(惨めに。 미지메니) → 〈비참하게〉

なるだけ(나르다케) → なる(되다)＋だけ(뿐) 〈될 뿐〉

幸福を(しあわせを。 시아와세오) → 幸福(행복)＋を(목적격 조사. 을) 〈행복을〉

窓に(まどに。 마도니) → 窓(창)＋に(격조사. 에) 〈창에〉

閉じこめて(とじこめて。 도지코메테) → 원형 閉じこめる(とじこめる。 도지코메르。 가두다. 가두어 놓다)의 연용형. 〈가두어 놓고. 가두어서〉

飼いならして(かいならして。 가이나라시테) → 원형 飼いならす(かいならす。 가이나라스。 길들여 기르다)의 연용형. 〈길들여〉

みても(見ても。 미테모) → みて(원형 みる－見る。 미르。 보다－의 연용형)＋も(계조사. 도) 〈보아도〉

悲しみが(かなしみが。 가나시미가) → 悲しみ(슬픔)＋が(계조사. 이) 〈슬픔이〉

胸の(むねの。 무네노) → 胸(가슴)＋の(격조사. 의) 〈가슴의〉

隙間から(すきまから。 스키마카라) → 隙間(빈틈. 틈새)＋から(출발・시점을 나타내는 격조사. ～부터) 〈틈새로〉

忍び込んでくる(しのびこんでくる。 시노비콘데구르) → 忍び込んで(원형 忍び込む－しのびこむ。 시노비코므。 몰래 들어오다－의 연용형)＋くる(오다) 의역하여 〈헤집고 들어오네〉

たかが(다카가) → 〈그 까짓〉

人生(じんせい。 진세이) → 〈인생〉

なりゆき(成り行き。 나리유키) → 〈(자연히)되어 가는 추세〉

まかせ(任せ。 마카세) → 원형 まかせる(任せる。 마카세르。 일임하다. 맡기다)의 연용형. 〈맡김〉

男なんかは(おとこなんかは。 오토코 난카와) → 男(남자)＋なんか(앞의 내용을 경멸하고 가볍게 보는 기분이 들어 있는 부조사)＋は(격조사. 는) 〈그 까짓 남자는〉

星の(ほしの。 호시노) → 星(별)＋の(격조사. 의) 〈별(들)의〉

数ほど(かずほど。 가즈호도) → 数(수)＋ほど(정도. 만큼) 〈수 만큼〉

泥んこに(どろんこに。 도롱코니) → 泥んこ(진흙. 진흙탕)＋に(격조사) 〈진흙탕이〉

なるまえに(なる前に。 나르마에니) → なる(～가 되다)＋前(전)＋に(격조

사) 〈~가 되기 전에〉

綺麗に (きれいに。 기레이니) → 〈깨끗하게〉

あばよ (아바요) → 속어. 〈안녕〉

好きでいるうちに (すきでいるうちに。 스키데 이르우치니) → 好き(좋다. 좋아하다)＋で(격조사)＋いる(있다)＋うち(전. 안. 속)＋に(격조사) 〈아직 좋아할 때〉

許して (ゆるして。 유르시테) → 원형 許す(ゆるす。 유르스。 허용하다. 용서하다)의 연용형. 〈용서해요〉

もし (若し。 모시) → 〈만일〉

今度 (こんど。 곤도) → 〈다음(번)에〉

生まれてくるなら (うまれてくるなら。 우마레테 구르나라) → 生まれて(원형 生まれる－うまれる。 우마레르。 태어나다－의 연용형)＋くる(오다)＋なら(가정형의 접속 조사. ~라면) 〈태어난다면〉

孔雀より (くじゃくより。 구쟈크요리) → 孔雀(공작)＋より(~보다) 〈공작보다〉

すずめ (雀。 스즈메) → 〈참새〉

口紅も (くちべにも。 구치베니모) → 口紅(립스틱)＋も(계조사. 도) 〈립스틱도〉

香水も (こうすいも。 고－스이모) → 香水(향수)＋も(계조사. 도) 〈향수도〉

つけないで (付けないで。 츠케나이데) → 付け(원형 付ける－つける。 츠케르。 붙이다. 바르다. 뿌리다－의 연용형)＋ない(부정의 조동사)＋で(접속 조사)〈바르지 않고〉

誰かと (だれかと。 다레카토) → 誰(누구)＋か(의문의 종조사)＋と(~와) 〈누군가와〉

暮らすわ (くらすわ。 구라스와) → 暮らす(살다. 지내다)＋わ(종조사) 〈살겠어〉

色づいた (いろづいた。 이로즈이타) → 色(색. 색깔)＋づいた(원형 つく－付

く。 츠크。 붙다. 딸리다-의 연체형) 〈색깔있는〉

夢を(ゆめを。 유메오) → 夢(꿈)＋を(목적격 조사. 을) 〈꿈을〉

見るよりも(みるよりも。 미르요리모) → 見る(보다. 이곳에서는 꿈을 꾸
　　다)＋より(～보다)＋も(계조사. 도) 〈(꿈을) 꾸기보다(도)〉

ささやかでも(細やかでも。 사사야카데모) → ささやか(하찮다. 보잘것 없
　　다)＋で(접속 조사)＋も(계조사) 〈하찮아도〉

いいの(이이노) →いい(좋다. 괜찮다)＋の(종조사) 〈괜찮아〉

あたしだけ(아타시다케) → あたし(원래는 わたし・나)＋だけ(만. 뿐) 〈나만이〉

飛べる(とべる。 토베르) → 〈나를 수 있다. 나를 수 있는〉

青空を(あおぞらを。 아오조라오) → 青空(창공)＋を(목적격 조사. 을)
　　〈창공을〉

持ってる(もってる。 못테르) → 持って(원형 持つ－もつ。 모츠。 가지다.
　　지니다-의 연용형)＋る(「いる」의 줄임말) 〈가지고 있는〉

人ならば(ひとならば。 히토나라바) →人(사람)＋ならば(가정의 접속 조사.
　　～이라면) 〈사람이라면〉

綺麗なときは(きれいな時は。 기레이나 도키와) → 綺麗な(원형 綺麗だ－き
　　れいだ。 기레이다。 예쁘다-의 연체형)＋とき(때)＋は(격조사. 는)
　　〈예쁠 때는〉

花より(はなより。 하나요리) → 花(꽃)＋より(～보다) 〈꽃보다〉

もっと(못토) → 〈훨씬〉

短いはずね(みじかいはずね。 미지카이 하즈네) → 短い(짧다)＋はず(단
　　정・확정의 의미를 가짐)＋ね(종조사) 〈짧을꺼야〉

酔いどれになる(よいどれになる。 요이도레니 나르) → 酔いどれ(만신창이
　　로 취하다. 곤드레만드레로 취하다)＋に(격조사)＋なる(되다) 〈만신창이
　　로 취하다〉

まえに(前に。 마에니) → まえ(전)＋に(격조사. 에) 〈전에〉

背中に(せなかに。 세나카니) → 背中(등)＋に(격조사. 에)〈등에 (대고)〉

해　설

　한국 가수가 일본에서 성공한 케이스를 들자면 말할 것 없이 계 은숙 일 것입니다. 그녀는 이 노래로 일약 스타덤에 올라 그 후 〈夢おんな(꿈속의 여 인)〉〈よいどれて(만신창이로 취해서)〉로 스타의 좌를 확보 하였다고 할 수 있습니다.

　그 외 일본에서 알려진 한국 가수로는 김 연자와 조 용필을 들 수 있습니다.

　특히 조 용필의 〈돌아와요 부산항에〉는 나이 든 일본 사람이라면 누구나가 좋아하는 곡이라고 할 수 있습니다. 지금까지 일본 가사로 불렀던 것을 요즈 음은 필사적으로 한국 가사로 부르려고 노력하는 것이 최근의 추세라고나 할 까요. 그만큼 한국과 가까워지고 있다는 것을 이러한 유행가의 추세로 알 수 있겠습니다.

참 고 문 헌

- 『日本のこころの歌』西東社。 1999年 10月
- 『日本の歌』第四集。 野ばら社。 1998年 8月
- 『日本の歌』第六集。 野ばら社。 1999年 4月
- 『特選演歌』成美堂出版。 2000年 11月
- 『新版 日本流行歌史 下』社会思想社。 1997年 5月
- 『ヒット曲百物語』鹿砦社。 1997年 2月